中国特殊教育事业与特殊教育教师师资培养研究

王璇　著

北京工业大学出版社

图书在版编目（CIP）数据

中国特殊教育事业与特殊教育教师师资培养研究 / 王璇著．— 北京 ： 北京工业大学出版社，2021.10 重印
ISBN 978-7-5639-7082-7

Ⅰ．①中… Ⅱ．①王… Ⅲ．①特殊教育－教育事业－研究－中国②特殊教育－师资培养－研究－中国 Ⅳ．①G769.2

中国版本图书馆 CIP 数据核字（2019）第 237817 号

中国特殊教育事业与特殊教育教师师资培养研究

著　　者：王　璇
责任编辑：张　娇
封面设计：点墨轩阁
出版发行：北京工业大学出版社
（北京市朝阳区平乐园 100 号　邮编：100124）
010-67391722（传真）　bgdcbs@sina.com
经销单位：全国各地新华书店
承印单位：三河市元兴印务有限公司
开　　本：710 毫米 ×1000 毫米　1/16
印　　张：13
字　　数：260 千字
版　　次：2021 年 10 月第 1 版
印　　次：2021 年 10 月第 2 次印刷
标准书号：ISBN 978-7-5639-7082-7
定　　价：45.00 元

前　言

在人类社会漫长的发展历史中，教育一直伴随着人类社会，人类文明的延续和传播都依赖着教育。其中，教师起到了功不可没的作用。然而，特殊需要学生群体，他们由于某些方面存在异常，以致不能接受正常的教育。因此，特殊教育教师在特殊教育的实施过程中起着关键作用。但是，由于我国的特殊教育起步相对较晚，特殊教育教师队伍建设与普通教师队伍的发展存在一定差距，特殊教育教师队伍短缺与质量不高，仍然是特殊教育发展中亟须解决的问题，因此加强特殊教育师资的培养刻不容缓。

本书第一章为特殊教育理论概述，主要包括特殊教育的概念、方法和性质，特殊教育的对象，特殊教育的理论基础，特殊教育的原则与过程；第二章为我国的特殊教育事业发展概述，主要阐述了我国特殊教育事业的发展阶段、我国特殊教育事业的发展动向、我国特殊教育的体系与模式、我国的特殊教育教学；第三章为特殊教育教师概述，主要阐述了特殊教育教师的职业角色与要求、特殊教育教师的作用、我国特殊学校教师教育概况、我国特殊教育教师培养的要求、我国特殊教育教师专业化发展要求；第四章为我国特殊教育师资培养的师范制度与问题分析，主要包括我国特殊教育教师师范制度概述、特殊师范教育政策存在的问题、特殊师范教育职前培养存在的问题、特殊师范教育职后培训存在的问题、特殊师范教育师范制度实践存在的问题；第五章为特殊教育教师师范培养的对策分析，主要阐述了我国特殊教育专业的发展概况、特殊教育专业师资培养的通识教育、特殊教育师资培养的核心课程建设；第六章为特殊教育教师的发展与在职培训，主要阐述了特殊教育教师的发展现状、特殊教育教师发展的对策、特殊教育教师的在职培训；第七章为特殊教育中的听觉障碍儿童教育与师资建设，主要阐述了听觉障碍儿童的特点、听觉障碍儿童的教育、听觉障碍儿童教育的课程建设、听觉障碍儿童教师的专业素养；第八章为特殊教育中的视觉障碍儿童教育与师资建设，主要阐述了视觉障碍儿童的特点、视觉障碍儿童的教育、视觉障碍儿童教育的课程建设、视觉障碍儿童教师的专业素养。

为了确保研究内容的丰富性和多样性，在写作过程中作者参考了大量理论与研究文献，在此向涉及的专家学者表示衷心的感谢。最后，限于作者水平，加之时间仓促，书中难免存在一些疏漏，在此，恳请读者朋友批评指正！

目　录

第一章　特殊教育理论概述

从某种意义上讲，特殊教育可以被看作一种专业，有着自己的技术、工具和研究工作，为了满足与评估特殊儿童和成人的需要，学校集中全力改进教学计划和程序。本章主要分为特殊教育的概念、方法和性质、特殊教育的对象、特殊教育的理论基础、特殊教育的原则与过程四部分。其主要包括特殊教育概念、确定教育对象的意义及特殊教育的意义、特殊教育原则的分类等几方面内容。

第一节　特殊教育的概念、方法和性质

一、什么是特殊教育

特殊教育是按照特殊儿童的身心特点和教育需要而采用一般或特殊的教学方法和手段，最大限度地发挥受教育者的潜能，使他们增长知识，获得技能，拥有良好品德，提高适应能力的一种教育。随着社会生产力的发展和文明程度的提高，特殊教育已经成为整个社会教育活动中重要的组成部分。从比较实际的方面看，特殊教育就是为了协助特殊儿童获得个人最大限度的自我满足和学业成就而安排的特殊设施、自然环境、教学程序和其他干预手段。

特殊教育的目的和任务是：最大限度地满足社会的要求和特殊儿童的教育需要，发展特殊儿童的体力、智力和人格。通过特殊的教育、教学与训练，传授一定的文化和科学知识，培养他们的生活信心、健康的自我意识、生活学习和劳动就业的能力。由于特殊教育的对象是一些因某些生理或心理上的原因造成适应困难的儿童，这就使得特殊教育在指导思想，教育、教学和训练方法，教育的设施和手段等方面都与普通教育有一定的区别，需要对特殊教育进行专门的深入的探讨，寻求其内在规律。

特殊教育学则是研究特殊教育现象和内在规律的科学。特殊教育学应该是特殊教育活动经验的总结和科学规律的探讨，它涉及特殊教育的意义、内容和方法，不同类型特殊儿童的身心特征，特殊教育的基本原则，特殊教育的管理体制，特殊教育教学方法以及教师教育和家长教育等一系列问题。

二、特殊教育的方法

（一）特殊教育方法的内涵

特殊教育方法是一个含义广泛的概念，这里将具体从事特殊教育工作所必需依存的程序都叫作特殊教育方法。这些程序包括特殊儿童的鉴别、特殊儿童的早期干预、特殊儿童的学校教育以及特殊儿童的学校教育与家庭、社会等组织、机构的合作。因此，特殊教育方法从宏观上说，就包含了下列内容。

1. 特殊儿童的鉴别

特殊儿童的鉴别最简单的解释就是把特殊儿童从儿童中划分出来，这就要依赖一系列的技术或具体的方法，如各种各样的测量技术、医学检查技术等。因此，特殊儿童的鉴别就成为我们从事特殊教育工作的第一步。

2. 特殊儿童的早期干预

原来意义上的早期干预是指对处境不利儿童采取的补救措施，这些处境不利的儿童可能有超常儿童，也可能有残疾障碍儿童，也可能是各个方面的常态儿童。但是，这里所称的早期干预主要是对残疾障碍儿童而言的，是指对残疾障碍儿童所采取的一系列的措施或方法。尽管它也是在有关理论指导下进行的，但从根本上看，它还是以措施方法为主。因此，我们把它列为重要的特殊教育方法。

3. 特殊儿童的学校教育

特殊儿童的学校教育是相对于其他教育形式（如家庭教育、社会教育）而言的，应该是大多数特殊儿童接受教育的主体形式，所以也应该是特殊教育最主要的教育方法之一。学校教育的程序是很多的，从宏观上说，首先就应该确定教育的目标和内容，这是由国家（或委托相应的机构、组织或个人）来完成的；其次，应该把相应的内容教授给学生，以促进学生的发展，达到教学目标、完成教学任务，这是由教师来完成的；最后，这些目标实现得如何，目标是否达到等，也要及时地进行监控。这样，相应的就有了确定目标内容的方法、以课堂教学为特征的课堂教学的方法以及教学评价的方法等。

4. 特殊教育的其他方法

除去上述方法之外，特殊教育还必须和其他学科结合或联合，也必须有其他机构的参与才能更好地完成教育任务。这就是说，特殊教育还有其他方法，如特殊教育和家庭、社会、有关组织、机构的结合等。

（二）确定特殊教育的目的和内容

1. 确定特殊教育目的的基本理论

确定特殊教育的目标和内容是教学过程的第一步，或者说，是实施教育的第一步。

从宏观上说，特殊教育目标的确定制约于特殊教育目的，而特殊教育目的的确定又决定于儿童自身的需要和社会的需要。

传统上有两种确定特殊教育目的的理论。

一种被称为个人本位论。这派理论认为，个人的价值高于社会的价值，就像社会是一个铸模，人是要铸造的金子，金子的价值自然大于铸模的价值一样。同时，这派理论认为，人生来就有健全的本能，教育的职责就是使这种本能不受任何影响地得到发展。因此，确定教育目的的依据只能是个人发展的需要，而不是其他。个人价值大于社会价值的思想是这一派理论的灵魂，西方历史上的卢梭、福禄培尔、裴斯泰洛齐等都属于这个派别。

另一种被称为社会本位论。这派理论认为，人首先是社会的人，“真正的个人是不存在的，只有人类才存在，因为不管从哪方面看，我们个人的一切发展都依赖于社会”。因此，教育除了社会的目的之外不应该再有其他的目的，或者并无其他目的，教育的结果也就只能以社会的功能来衡量。这样教育目的只能根据社会的需求来决定，此外再也不能有决定教育目的的理由。教育应该服从和服务于社会的需要。

但是，我们过去所有的教育学著作在论及教育目的的决定因素时，都是从马克思主义的角度论述的，其认为我们是社会需要和人的自身的发展的辩证统一论者，也就是说，在确定教育目的时既要考虑到个人发展的需要，又要考虑到社会的需要。

2. 制约确定特殊教育目的的因素

从特殊教育的实际出发，特殊教育的教育目的的确定，既要考虑教育目的的一般制约因素，还要遵循特殊教育自身的特点和规律。这些因素具体有以下几点。

（1）社会的需要

社会的需要是我们确定教育目的的最重要的参照系，尤其在社会还不十分发达的时候，教育还只能作为一种手段而不全是目的存在时，社会需要是必须考虑的，对特殊儿童也不例外。

（2）个人的需要

但是，我们毕竟已经进入现代社会，其特征之一就是人已经开始由“工具的人”向“目的的人”转化，人除去工作、除去为社会服务之外，还有作为个人价值的一面。人要实现个人的价值，同时，还要享用现代文明，包括休闲。因此，我们的特殊教育又必须考虑人自身的需要，或个人的需要。

（3）能与不能的客观事实

特殊儿童尤其是残疾、障碍儿童的能与不能的矛盾是突出的，教育目的必须考虑这些矛盾，否则就会造成隔靴搔痒或理论与实践两张皮的局面，使教育目的的要求过高或过低，不能准确反映特殊教育的实际。

（4）矫正或改变缺陷的特殊需要

这是针对残疾和障碍儿童而言的。从本质上讲，矫正或改变缺陷实际上属于个人需要的范畴，但是传统上并没有把残疾儿童纳入教育目的论中，因此，传统意义上的个人需要自然没有包括矫正或改变缺陷的含义。

3. 确定特殊教育内容的原则

从目标体系来说，首先要确定教育目的，由目的分化出教育目标，再由教育目标具体决定教育内容。当目标确定之后，就应该选取教学内容以完成或达到教育目标。各类特殊儿童以及各科教学的具体内容，肯定会有差别，但是，这些内容的确定原则应该有相同之处。大致说来，下列原则是在确定教育或教学内容时应该共同遵循的。

（1）教育教学内容要力求适应特殊儿童的需要

这种需要一般情况下，包括身体和心理两个方面，身体方面包括对身体进行矫正或改变的需要；心理方面并不仅仅是知识的需要，还包括塑造良好公民或良好品行以及健康的人格的需要。

杜威从儿童中心主义出发，曾经说过一段极端的话，即儿童应该是教育的起点、中点、终点。完全强调一切从儿童出发固然不对，但是，照顾到儿童的需要尤其是特殊需要还是非常必要的。

以听力残疾为例，如果没有看到听力残疾带来的听不清教师说话、从而没法按照传统的听课方式听课的事实，并设法通过其他方式来补救，那么，听力残疾儿童的教育是不可想象的。相反，如果从听力残疾者的需要出发，就可能先开展听力语言训练或进行手语的教学，然后再展开其他教学内容，这样就可以使听力残疾儿童获得几乎和普通儿童一样的发展。

（2）教育教学内容要力求适应特殊儿童的发展阶段

教育教学内容的选择要与儿童的发展水平相适应，不能与现有的水平相距太大或太小。用维果茨基的话说就是，教育教学的内容要"走在儿童的最近发展区内"。实际上，确定最近发展区并不是一件容易的事情。如果把最近发展区定的太大,或与儿童的现有水平相距太远,那么,教育内容儿童是掌握不了的,教育也是无效的；如果把最近发展区定的太小，或与儿童的现有水平相距太近，甚至低于儿童的已有水平，那么教育也是无效的。

当然，就特殊儿童如视力残疾、听力残疾儿童而言，都存在一个事先教授方法内容的问题，视力残疾是盲文，听力残疾是手语和听力语言，这些要走在所有教学内容的前面，就像普通小学学习语文先学习汉语拼音一样。只有如此，才能为其他内容的学习打好基础。教育者或教育内容的制定者，一定要研究把握特殊儿童的发展阶段和每个发展阶段的特点及其需要，只有如此才能使教学有的放矢。

4. 教育教学内容的选择要有实用价值

对特殊儿童而言，实用价值主要表现在三个方面。

一是基础价值，是指教育教学内容的选择能为后续学习提供基础，表面看它们没有用途，但是后续内容如果没有这个基础就寸步难行。那些基础的知识、技能都属于这个范畴。

二是有实践或生活的应用价值，能用于特殊的生活或实践。这是大多数人认为的一般意义上的实用价值的含义。对特殊儿童——尤其是残疾儿童而言，这种内容是非常需要的，因为普通儿童可能通过无意识学习就掌握的内容，在残疾儿童那里可能要通过专门的训练才行。生活自理能力、劳动技能、劳动习惯和态度、交往技能等，都属于这个范畴。

三是能够矫正或改变残疾障碍儿童的缺陷，这主要是对残疾和障碍儿童而言的。这些内容既有发展价值，也有应用价值。说它有发展价值是因为，如果他们的缺陷被有效地改变或消除，那么他们发展的障碍就可能被最大限度地扫除，从而更能促进发展。如学会了盲文，全盲儿童就能通过这个中介很好地学习语文。说它有应用价值是因为，如果他们的缺陷被有效地改变或消除，那么他们就可能更好地适应社会。如听力残疾儿童学会了看口型，就能通过读唇与他人交流，等等。

三、特殊教育学的学科性质

从教育学视角看，特殊教育学是教育学的分支学科，主要运用教育学的原理和方法对一种特殊的研究对象——特殊教育进行研究。这种研究，一方面，填补了教育研究的一个空白；另一方面，正是因为研究对象的特殊性，从而使得特殊教育学从教育学的学科群中进一步分化出来，成为一门相对独立的新学科。综合性、应用性是特殊教育学的基本特征。

特殊教育学是一门综合性学科。特殊教育学涉及教育学、心理学、医学、社会学等多学科知识，存在着诸多需要进行综合性研究的问题。首先，特殊教育作为教育中的一种类型，与普通教育一脉相承。普通教育学中有关教育的本质、教育的功能、教育的内容、教育的组织和管理、课堂教学的形式和方法等一系列理论大多数都适用于特殊教育。其次，特殊教育学与心理学尤其是发展心理学、教育心理学和变态心理学的关系十分密切。从心理学的角度看，采用心理学的方法来探讨特殊儿童的身心特点，是特殊教育必须贯彻的重要原则。再次，由于特殊教育的对象有一部分是感官障碍、身体障碍和脑瘫等儿童，因此与探讨人类疾病防治、增强健康、延长寿命的医学的关系也很密切。最后，由于特殊人群的产生、特殊教育的出现和发展是人类社会生活的一部分，特殊教育的发展需要全社会的支持，因此，以人类的社会生活及其发展作为研究对象的社会学也是特殊教育学的重要理论基础之一。概而言之，特殊教育学是一种多学科、多视角、多方法的综合性研究，具有明显的交叉性、边缘性、综合性的学科特点。

特殊教育学是一门应用性学科。相对于教育学这些基础性特点更为鲜明的学科而言，特殊教育学无疑是这些理论的应用和具体化。因此，它是一门应用性学科。特殊教育学的应用性还体现在特殊教育具有很强的实践性上，注重对学习者的特殊教育需要进行诊断、评估，在此基础上开展具体的个别化教学活动。因此，特殊教育学的理论建构，应坚持理论联系实际的原则，注重总结和归纳实践经验，增强学科的针对性、可操作性和实用性。

第二节　特殊教育的对象

一、特殊教育学和特殊教育

教育学是研究人类教育现象及其一般规律的科学。教育是传递社会生活经验并培育人的社会活动。教育学和教育是密切相关而又互不等同的两个概念。教育学的研究对象是教育；教育的对象是人。特殊教育学（special pedagogy）是教育学体系中的一个分支学科；特殊教育（special education）是整个教育的一个组成部分，二者也是互相密切联系而又不等同的概念。

特殊教育学是研究特殊教育现象及其规律、原则和方法的科学；一般以学前和学龄特殊儿童的教育为研究重点。特殊教育是使用一般或特别设计的课程、教材、教法、组织形式和设备对特殊儿童（青少年）所进行的达到一般的和特殊的培养目标的教育。从严格的科学意义上说，二者是不同的。但二者又有一些共性，前者是研究对特殊儿童的教育活动，后者是对特殊儿童进行的教育活动，特殊儿童的教育活动是二者的汇合点。

因此，自特殊教育活动以学校形式在 18 世纪欧洲出现之后，对此种活动的研究曾以多个学科名称出现，如治疗教育学（或医疗教育学）、缺陷（残疾）教育学、特殊教育学等。但逐渐在一些国家和地区有把这两个概念在实际应用中统一的情况。如在美、英等国，多用 special education（特殊教育）来表示这类学科和教育活动；日本多数学者的著作中也用“特殊教育”（或“身心障碍儿教育”），而不用“特殊教育学”。

我国曾用过“特种教育”“残废教育”“特殊教育”“盲聋哑教育”等术语，也未把“特殊教育”和“特殊教育学”严格分开。20 世纪 80 年代后在使用“特殊教育”这个术语时，在《中国大百科全书》《教育大辞典》等权威工具书中出现了“特殊儿童教育学”“特殊教育学”等词条。

在本章论述中，笔者从实际应用的角度，较多地注意了“特殊教育学”和“特殊教育”的共性，而未做严格的区分。

二、确定特殊教育对象的意义

任何一门学科和任何一项工作都要有自己确定的研究或工作对象，都要有自己研究或工作的角度，否则就很难成为一门确定的学科或做出有成效的工作。

特殊教育的对象是特殊儿童、青少年。而确定特殊儿童、青少年的范围是十分重要的，否则就会与其他的相关学科混同，不能成为相对独立的学科分支。

特殊儿童、青少年又是特殊心理学、医学、社会学、康复学、哲学和其他学科的研究对象，特殊教育又要确定自己的研究角度，以便与其他学科的研究有所区别，这又是特殊教育成为相对独立学科分支的另一个条件。

特殊教育是与很多学科（教育学、心理学、儿童心理学、教育心理学、各科教材教法、教学论、德育论、康复学等）密切相关的，实际上可以说是与诸多相邻学科交叉的一门边缘学科。

所以，明确特殊教育的对象对学科的存在和发展有至关重要的意义。

三、特殊教育对象及分类

（一）特殊儿童的分类

1. 特殊儿童

广义的理解，特殊儿童是指与正常儿童在各方面有显著差异的各类儿童。这些差异可表现在智力、感官、情绪、肢体、行为或言语等方面，既包括发展上低于正常的儿童，也包括高于正常发展的儿童以及有轻微违法犯罪行为的儿童；狭义的理解，特殊儿童专指残疾儿童，即身心发展上有各种缺陷的儿童。

2. 残疾儿童

残疾儿童指身心发展上有各种缺陷的儿童，又称“缺陷儿童”或“障碍儿童”。其包括智力残疾、听力残疾、视力残疾、肢体残疾、言语残疾、精神残疾、多重残疾等类型。

3. 特殊教育需要儿童

特殊教育需要儿童，指因个体差异有各种不同的特殊教育要求的儿童。这些要求涉及心理发展、身体发展、学习、生活等各方面长期或一定时间高于或低于正常儿童的要求，不仅包括对某一发展缺陷提出的要求，也包括对学习有影响的能力、社会因素等提出的要求。1978 年在英国《沃纳克报告》中首次提出“特殊教育需要儿童”这个术语，1981 年在英国教育中正式使用。

（二）分类的目的与原则

可以根据特殊儿童的各种特征把其归入某一群体，如按性别、地区、民族等分类；也可以按生理或心理发展状况分类；也可以按受教育年限和程度分类；还可以按医学诊断的结果分类。

从特殊儿童在人类社会中被区分出来的历史来分析，其主要是人类逐渐认识到特殊儿童与普通儿童的不同，即认识到了他们的特异性。这些特异性主要是在生理和心理发展上的较大差异；或者是极大高于或极大低于多数儿童的发展水平；或者是器官上有明显的异常。这些特异性使人们逐渐认识并区别对待了特殊儿童。

在对特殊儿童进行分类时首先应当明确分类目的，其目的主要是对每类儿童的特殊性都要有所了解，并且在了解后还可以按照他们的特点进行教育和培养，促使他们成长为能够与普通儿童共同发展的、社会上的平等劳动者。简单来说，就是为了更有效地进行教育工作。

明确了分类目的就可以排除按特殊儿童性别等属性的分类。当然，我们不否定为了科学研究或某些工作可以对全体或某一类特殊儿童按性别分类或比较。

分类的最基本原则是特殊儿童的医学诊断结果。这也是其心理发展特异性的生理和病理基础。医学诊断出的同类儿童有其基本上共同的临床症状，病理或生理基础，在这些基础上产生了该类儿童认识活动或个性的共同特点。例如，诊断为先天全聋的一类儿童，他们的听力损失使他们不能通过自然途径学会说话，不早期干预，他们就会变成哑童，他们的视觉就要起更大的作用。言语不能及时获得，给他们带来一系列共同的心理特点。特殊教育就是要根据这些特点，采取相应的措施和方法给予他们特殊的帮助，使他们也能全面地发展。医生诊断出的残疾是有残疾的特殊儿童发展中的第一性缺陷，是他们发展中其他缺陷产生的原因和物质基础。第一性缺陷造成的很多问题恰恰是教育应该解决的问题，是应该给予他们帮助的方面。因此，指出儿童心理和学习特点的医学诊断是特殊儿童分类的基本原则。

同时有几种残疾的特殊儿童可以单独分为一类，医生诊断为多重（或综合）残疾，也可以由医生按一种主要影响的残疾分类。

当然，在考虑医学诊断这个基本原则时，还应注意与此相关的残疾发生的时间、程度和原因，这些也是我们对特殊儿童进行特殊教育时必须了解的基本情况。从教育工作需要或医疗康复需要方面来考虑还可以用上述基本原则之外的原则来划分，或按上述原则分类之后再划分。例如，按残疾儿童的主要残疾发生时间分为先天和后天两类；先天中可分为遗传性和孕期非遗传性；后天可分为产程期间和产后期间造成的残疾。因为致残时间对儿童的心理发展和教育也有很重要的影响。出生时就失明或失听的儿童与四五岁失明或失听的儿童在认识外部世界的经验、途径上，在言语的发展上有不同的特点，教育上的要求也不完全相同。各类残疾还可以按程度划分，可以把全部残疾或一类、二类、三类残疾按轻度、中度、重度或极重度分类。对同一程度的残疾儿童可以采取某些共同的教育方式或措施。对同一类、同一程度的残疾儿童采用的教育方式或措施中就会有更多的共性。各类残疾还可以按病因分类。类似病因造成的残疾常表现出类似的症状，有某些共同的特点，这又是教育工作的依据之一。

（三）广义和狭义的特殊教育对象

对与正常儿童发展水平有较大偏离的发展不太正常的儿童有两种理解。首先是广义方面，也就是包含了所有正常发展儿童外的所有类别的儿童，其中包含了存在行为问题的儿童、能力超常的儿童、视觉或听觉存在障碍的儿童、有学习和言语障碍的儿童以及智力低常的儿童等。一些国家在近些年将其统称为“有特殊教育需要的儿童”，但这一概念之下所包含的儿童要比上述列出的范围还要大。其次就是狭义方面，也就是指只在心理、生理上发展存在缺陷的残疾儿童，它包括了视觉、听觉、言语、智力和情绪等方面存在多种残疾和发展障碍的儿童，我们一般称之为“残疾儿童”“缺陷儿童”。

按照上述对特殊儿童的理解，也就能得出特殊教育分广义与狭义两种，也因此有了广义和狭义的两种特殊教育学。对特殊教育和特殊教育学还可根据残疾种类加以区分，如盲教育和盲教育学、聋教育和聋教育学、智障教育和智障教育学等；还能分为基础特殊教育、幼儿特殊教育、职业特殊教育和高等特殊教育等，这些小的分支学科构成了特殊教育（学）的学科体系。

特殊教育的概念在很多国家使用时多取其狭义，并且狭义的概念也是我国如今最常使用的。特殊教育所涉及的残疾儿童在中国所占的比例不大，但绝对数字不小。

四、儿童发展的差异

生活在我们社会中约占人口 1/4 的青少年、儿童因为先天的素质和后天的环境的不同，在他们的发展中存在着各种差异。这里既包括不同人群（群体）的差异，也包括个体与个体之间的差异以及个体内不同方面发展的差异。

可以从各个角度来区分少年儿童，如从性别、身体形态、素质、机能、心理发展、教育程度与可能性等。中国城市正常 15 岁男生的中等身高平均为 163.8 厘米，体重为 49 千克，下等和上等的身高也不低于 143 厘米，不高于 184 厘米，体重不低于 29 千克，不高于 69 千克。如果一个 15 岁的男生身高 120 厘米、体重 25 千克，这就大大偏离了大多数中国城市 15 岁男生的发展水平。如果把 95% 以上人的发展水平叫作正常的话，那么余下的 5% 就成了偏离正常的异常发展了。

例如，在人的智力发展上，根据理论的研究和实际的调查，在智力常态分布曲线上，属于正常范围的（即在平均数正负两个标准差范围内）约占 95.46%，而有 2.27% 的人低于正常，2.27% 的人高于正常，这就构成了在智力发展上与正常不同的超常和低常两个群体，在儿童中就成了两类特殊儿童。

在人的感觉器官发展上，各个国家都有一些因先天或后天造成的各种感觉器官障碍的儿童，即盲童、聋童或又聋又盲的儿童。这些儿童在感知事物的途径上与普通儿童有了较大差异，他们在这个方面成了异常的特殊儿童。

在人的支撑系统骨骼或肌肉的发展上，在言语或情感的发展上，在行为和社会适应能力的发展上，以及在个体的其他方面发展上都可能发生严重偏离社会多数同龄儿童的正常发展标准的情况，这种发展的差异使他们也成了特殊儿童。

这些差异是客观存在的。承认和认识了差异才把多数儿童看成正常发展，少数是异常发展；多数儿童是普通儿童，少数儿童是特殊儿童。正常与异常，普通与特殊是相比较而存在的，看不到或不认识这些差异也就不存在“正常”或“普通”了。

五、特殊教育的意义

（一）政治上体现了宪法赋予公民的平等权利

我国不分民族与性别地赋予了每位公民平等的权利，并且在《中华人民共和国宪法》中还规定了“国家和社会帮助安排盲、聋、哑和其他有残疾的公民的劳动、生活和教育”，这样的规定在极少数的国家才有。并且在《中华人民共和国义务教育法》和《中华人民共和国残疾人保障法》中，也同样明确了要对残疾儿童和少年实施义务教育，残疾人始终享有受教育的权利。平等权利的实现是能够表现在特殊教育之中的，这可以说是残疾人参与社会和走向平等的有效途径。只有提升全民族的文化、教育水平，同时还要将一切积极因素调动起来，尤其调动残疾人文化水平的积极性，这样才能更好地建设现代化社会主义国家。特殊教育的产生基础是一定文化、经济与教育的发展，因此它也在一定程度上将社会多方面及文明程度等情况较为集中地反映了出来。从中也不难看出，一个国家对外的窗口是能够通过特殊教育开启的。

（二）经济上变消费者为生产者

很多没有接受过教育的残疾人在生活中是要靠父母和社会的，基本都是对社会财富的单纯消耗，有时还给家庭和社会带来一些问题。文化程度较低、仅能从事最简单劳动的残疾人的劳动生产率低、创造的财富少，他们的潜在能力得不到充分发挥，仅能勉强维持自己的生活，有时还需社会帮助。残疾儿童不能及时受教育还给家长带来巨大的精神负担，影响家长的生活和工作。比如，通过特殊教育来对残疾儿童进行劳动职业训练，除了能够使其实现全面发展，还能提升劳动技能和文化水平，从单纯的社会物质消耗者直接或间接地向精神财富和生产物质财富的劳动者转变，从而成为推进社会向前发展的重要力量。

（三）可以促进精神文明建设

要建设现代化的社会主义国家，就应使每位社会成员的精神境界得到全面提升，建设社会主义精神文明，并且该任务还应包括提升在心理、生理等方面有缺陷社会成员的精神境界。不对残疾儿童进行特殊教育，社会主义精神文明建设就会出现空白。同时，在建设社会主义精神文明方面，许多刻苦努力、身残志坚的人也为其增添了新的内容，他们鼓动全社会的人一起建设社会主义现代化国家。一个国家的文明的标志——发展特殊教育。

（四）使普及教育的工作更加完善

一个国家完善地普及教育的程度反映了这个国家的教育和社会的发展水平。用于衡量我国普及教育是不是完善，其中很重要的一点就是，特殊教育的发展和普及，这也是当前我国普及教育的一个弱点和难点。

特殊教育的发展对相关的事业和学科（如普通心理学、儿童心理学、普通教育学、医学、康复学、社会学、现代技术、哲学等）的发展也有重大意义。相关学科的发展促进了特殊教育和特殊教育学的发展，而特殊教育和特殊教育学的发展又丰富和促进了有关的事业和学科的发展。

第三节　特殊教育的理论基础

一、特殊教育的理论发展

（一）早期朴素的特殊教育思想

特殊教育理论的发展与特殊教育学的产生紧密相连，同时这一理论的发展也离不开具体的特殊教育实践活动。虽然制度化的特殊教育产生很晚，但对特殊教育的朴素认识早已存在于人们的思想活动之中，这些认识主要体现在一些思想家、哲学家、医学家和教育家的言论或著作中。中国古代《礼记·礼运》中就提出“鳏、寡、孤、独、废、疾者，皆有所养”的理想社会；而在西方，尤其是在文艺复兴之后，英国思想家莫尔在其名著《乌托邦》中鲜明地发出了“应该给所有儿童以良好的教育”的社会呼吁。这些隐含了教育平等的理念为特殊教育的产生和发展奠定了坚实的思想基础。此后，有许多涉及特殊儿童教育的观点，尽管缺乏系统的论说，但包含着深刻而精辟的思想，对特殊教育理论的形成和发展产生了并将继续产生深远的影响。

（二）国外特殊教育理论的传播

早期比较系统地介绍西方特殊教育的专著，当属20世纪20年代由华林编写的《低能教育》和《残废教育》，这两本书于1929年由商务印书馆出版发行。次年，商务印书馆又出版了由陈德徵编写的《天才儿童教育》，该书也是关于超常教育的专著，其中许多章节的材料取自国外学者的著述。新中国成立后，对我国特殊教育理论产生影响的首推苏联的有关著作，其中比较有代表性的是鲁宾什坦的《智力落后学生心理学》。该书由朴永馨教授翻译介绍到我国，并由人民教育出版社于1983年出版。特殊教育理论发展过程中，其理论成果比较丰富的时期始于20世纪。美国是当代世界强国，也是特殊教育大国，20世纪中期以来出版了许多有关特殊教育的专著，这些专著比较系统地总结了特殊教育经验，论述了特殊儿童心理及其教育。其中对我国影响较大的是著名的特殊教育专家柯克和加拉赫合著的《特殊儿童的心理与教育》。该书阐述了特殊教育理论、特殊教育发展的趋势，重点论述了各类特殊儿童身心特点及其教育方法，具有重要的学术研究和应用价值，该著作出版后曾再版多次，被译成多种文字。1989年华东师范大学汤盛钦教授等将其译成中文介绍到我国，由天津教育出版社出版，它对我国特殊教育理论的研究和应用起到了积极重要的推动作用。近年来，影响比较大的是美国学者路得·特恩布尔等人撰写、华东师范大学方俊明教授组织编译的《今日学校中的特殊教育》丛书，丛书一套4本，反映了当代美国特殊教育的发展状况。除了专著外，还有许多其他介绍国外特殊教育的文献，通过报刊等形式介绍到我国。

（三）中国特殊教育理论的奠基

从20世纪二三十年代开始，中国已有一些学者在研究盲、聋、智力落后儿童的心理、教育问题，并提出一些学术观点，基本的学术思想已经存在。朴永馨先生是新中国特殊教育理论的主要奠基者，他以自己的品格和学识为我国特殊教育学科建设、人才培养和学术发展做出了重要的贡献。他1991年主编的《特殊教育概论》、1995年主编的《特殊教育学》和1996年主编的《特殊教育辞典》是我国特殊教育学科理论的主要奠基之作。他主编的《特殊教育学》也是我国第一部以“学”命名的特殊教育专著。该书的指导为马克思主义理论，是将特殊教育学科建设的重要基石看作缺陷补偿理论，并且较为详细地论述了特殊教育的产生、发展，特殊教育的对象、分类，特殊教育的理论基础，各类特殊儿童的心理与教育，特殊教育的体系和模式、特殊教育的组织和管理以及特殊教育评价等。

20世纪90年代以来，中国的特殊教育进入了前所未有的大发展时期。特殊教育理论研究也进入一个活跃的时代，一些特殊教育专著陆续出版，比较有影响的有汤盛钦主编的《特殊教育概论——普通班级中有特殊教育需要的学生》、方俊明编著的《当代特殊教育导论》与《特殊教育学》、顾定倩编著的《特殊教育导论》、刘全礼所著的《特殊教育导论》、陈云英主编的《中国特殊教育学基础》等。这些专著的出版为繁荣我国特殊教育理论研究做出了重要的贡献，每一部专著都有一些作（编）者独到的见解和创新，拓展了特殊教育理论研究的广度与深度。但是由于特殊教育理论研究还处于起步阶段，大部分专著受到了美国特殊教育教科书的影响，尤其在体例与内容上各类特殊儿童心理与教育占了大量的篇幅没有大的突破。

二、中国特殊教育的理论基础

中国的特殊教育发展史并不是很长，并且相关方面的理论也不够充分。但其也是教育事业中一个重要的组成部分以及教育学科的分支，包含着两方面理论基础，即马克思主义有关的教育理论和唯物辩证法。这两种基础理论并不是照抄国外或排外的，它吸收了各国理论的精华，而且都符合中国国情与社会发展客观规律的，还能防止不符合历史唯物主义和辩证唯物主义内容，以及有国外理论局限性的情况存在，同时也能与中国的现实经验、历史经验等相结合，提出适合于中国情况的观点。

在马克思主义基本理论与唯物辩证法的指导下才能形成中国特殊教育理论。该理论的共性、特性有两个，其一是马克思主义教育理论有基本的共性和特殊性；其二就是同国外特殊教育理论有共性和特殊性。

三、马克思主义关于教育的理论和唯物辩证法

马克思主义在之前曾得出过有关进步观点和教育理论，也曾提出过人的“全面发展”，但这些都因为历史具有局限性，而使得有些主张没有能联系起社会发展。而马克思就是发展与继承了前人对人全面发展的有关观念，从而在科学、历史方面进行了认真分析，并将社会发展和人的发展的一致性揭示出来，并且指出每一位成员都能在未来的无产阶级社会中全面发挥自身才能。

有关于马克思主义教育的社会作用、教育的发展规律、教育的本质、历史性与阶级性的理论，其中，教育理论是受到物质资料生产制约，且作为一种社会现象存在的，其是一种培养人能全面发展的理论，是生产力中再生产过程理论，以及教育结合生产劳动的理论，以上种种都能算作特殊教育发展的理论。也正是因为有了这些理论，特殊教育在其发展指导下才能更好地适应现代化的社会生活与生产。

马克思主义方法论与历史唯物主义作为特殊教育基础中的基本理论，能够让人们更加客观、全面且以发展的眼光来看待残疾儿童、对残疾儿童的教育，与此同时，也避免了对残疾儿童、教育等的某一方面进行片面强调，还能避免对残疾儿童缺点有所忽视。

在特殊教育的相关学科中对符合客观规律观点的科学进行提出、研究的基础，即马克思主义理论。

中国特殊教育理论内容之一就有马克思主义指导下的缺陷补偿理论，很多有关苏联与美国等的特殊教育理论观点都是科学验证过的，是能够对客观规律进行正确反映的。从依泰尔到巴甫洛夫等人的许多观点对如今的特殊教育都有指导作用，而这些也都是能够使中国特殊教育理论得以构建的重要内容。

中国特殊教育的理论内容之中，常常会涉及特殊教育中的补偿理论。

（一）补偿的概念

“补偿”是当机体的某一机能遭到损害，或是某一器官缺失后的适应能力，

这是一种不同于正常发展过程的，存在特殊性发展的过程。这样的具有特殊性发展和适应过程的机能受到损害，就能够在一定程度上得到弥补、替代、恢复或改善。也就是说，作为有生命的机体，尤其是人，其部分组织遭到了损害，或是生理机能开始出现一定障碍时，它的生物本能为了自身能够继续生存下去，而需要去适应周边环境和已经受到伤害的机体，那么它的统一机体中并没有受到损害的部分就会去替代、弥补部分受到损害的地方，从而产生新的条件联系与机能组合。

补偿分为正补偿和负补偿两种，它们都是一种发展状态，都是基于正常的发展规律，并因为各种损害而带来特殊性的发展过程。补偿过程也是作为一种发展而存在的，与正常发展的规律基本相同，如在发展中，因自身受到遗传因素的影响或是外界的影响，反射、中枢神经系统以及神经活动的可塑性等都在发展中起到了重要作用。但补偿也有其自身的特殊性，比如组成的各部分、条件联系体系不同，以及发展的途径各不相同等。

补偿、特殊教育与康复这三个术语是并不统属于一个概念中，它们的着眼点也都不同。其中，补偿主要讲的是替代或是恢复受损害机能的过程；而特殊教育说的是培养和教育那些有特殊教育需求的人，促使他们成才；康复则比补偿涵盖的内容要多，主要指心理、医疗、社会、教育等各个方面的综合康复，从而使残疾的个体能返回到社会当中。但这三点在一些方面也是具有相同点的，且互相存在联系。

（二）补偿的三个因素

特殊教育中的缺陷补偿，在之前也曾强调过生物学因素，并且证明的方式是通过对受损害后动物的某个机能或器官进行补偿的试验，最终得出结论，即高级动物的一个器官受到损害时，其他未被损害的器官会自发且本能地对已损害器官进行替代，比如人失明或是失聪了，但仍然能够慢慢适应生活。另外，还有人对补偿的社会性进行强调，觉得外界条件是能够决定补偿的，甚至去改变受损害的中枢神经，这是对外界条件对补偿作用的过分夸大。实际上，无论是超过了客观可能，还是完全自发补偿的外界补偿都是对补偿因素的过分强调，都是错误的。

1. 生物学因素

人类（包括高级动物）都有自己的发展历史，在这一漫长过程中，很多起着重要作用的机能都符合生物学规律，并在不断的进化中让人类成了真正的人。人在一代一代的不断繁衍中，会将较为稳定的各种机能、特点、解剖结构和本能等遗传下去，包括神经系统。人自身有着很多本能的东西，比如人在出生后就具有一些先天的素质，能为人的生理、心理更好地发展而奠定基础。这些生物学因素在人发生功能损害时是起非常重要的作用的，同时也提供了可能性给补偿过程，它是作为补偿的物质基础存在的。

2. 社会因素

社会因素可以说是补偿过程可以进行的外界条件。在不具备一定的外界条件下，人本身的遗传素质就不能继续存在与发展，人是具有社会性质的，因此自然环境应该统一于社会环境，社会环境也因此变得更为重要。要使得残疾人潜在可能性向现实性转变，非常必要的条件就是其家庭的条件，以及为其创造的康复条件与教育条件等，比如能够发现与诊断出残疾、能够适时且有计划地进行补偿过程，以及是否已经创造出了可能和必要的条件，以便按照客观规律促进补偿的过程。以上这些社会如果都能创造出来，那补偿过程就能更好更快地完成了。但如果做不到，那么潜在发展的可能性就变不成现实，也无法延长补偿过程和实现不了最佳补偿。社会因素应该是包含了科学技术的成就、社会经济发展水平、统治者的相关法律与政策规定、生活与教育的物质条件、残疾人所处具体环境以及人们对残疾人的认识和态度等。对残疾人来说，一个直接抚养者所应具备的正确态度和物质保证就是最起码的补偿外界条件，积极的正补偿是在良好社会条件中才得以产生的，而消极的负补偿则产生在不良的社会条件之中。

3. 意识（或心理）因素

人是具有一定意义的。人类诞生于物质世界发展的一定阶段之中，也由此社会就这样组成了。人类产生意识则是在劳动中以及高级神经系统发展期间，人的意识可以说反映了社会存在，是人脑的属性，同时还能够对存在和社会起反作用，这是其他动物与人最大的不同点之一。构成人意识的部分包含了人对环境和生产中人际关系的认识，还有人对社会存在、发展的认识，当然其中也包括残疾人对本身缺陷的态度和认识等。对于缺陷补偿来说，残疾人在由环境与存在决定的情况下，对自身的认识和态度等在其中也起着极为重要的作用。社会因素与生物学因素能够起到作用是离不开人，特别是残疾人的，但应注意，残疾人凭借外界因素所起到的作用并不是被动和消极的，残疾人作为外界作用的主体，其应该是积极的接受者且能够反作用于外界因素的。人们若是想要按照客观规律顺利地去实现补偿过程，就应该在面对残疾人时选择科学认识和正确对待，并且积极主动地去创造补偿条件，学会面对现实，对待缺陷也要有乐观的态度与坚强的意志，只有这样做了，在补偿过程的完善结果中可能还会超出人们的预料；但相反，因为残疾人本身就有消极的心理，擅长悲观和逃避等，所以即使在有着潜在的生物学发展可能和良好社会条件下，也不会很顺利地实现补偿过程。制约人意识因素或心理因素的是生物学因素、社会因素，这也是后天产生的。人在有意识地、自觉地活动时，也包含了人的个性、认识等，使得人的补偿性质完全不等同于动物的补偿。

在补偿过程中，上述三方面因素是协调平衡、相互作用且统一的。在补偿的其中一个阶段或是补偿过程中，应当对每个因素的作用都做一个具体分析，并且有时候事物的主要矛盾可能是由某一因素所构成的，且在另外一个时期还会产生变化。总的来说，如果忽视了后两方面而只强调生物学因素的话，那么就很可能让补偿成为自发的自然过程；但若忽视生物学因素而只强调后两方面因素则可能会有超过客观可能性的补偿要求提出。

总而言之，在补偿中应当统一且全面地分析内因与外因、先天和后天等诸多因素的作用，以便在补偿缺陷中能够发挥出最强烈的机体、社会本身意识和生理功能。最后归结到一起，这三种因素即为补偿的生物—社会—意识（或心理）模式，该模式也可以运用于康复与特殊教育之中。

（三）补偿模式的动态

补偿是一种动态变化与发展的过程，并不是静止的瞬间过程，其中同时进行发展变化的还有补偿的三个因素。若是将补偿中的三个因素分别看作几何学和空间理论中的一维，那么一个立体式的三维空间模式也就由此构成。但随着时间的推移，同时发生变化的还有三方面因素中的各个方面，比如因为康复或医学治疗能够使生物学因素的状况得以改变，这就会使其打破原有平衡，且让补偿中三个因素的相互关系被逐渐打乱，减少或增加补偿可能性，只有开始新的补偿过程才能使这些变动达到新的平衡。同时，打破原有平衡还会改变一些社会因素，比如新的有利于残疾人法令的制定、人们转变对残疾人的态度、创新科学技术补偿手段和建立新的良好补偿条件等，这些都能够加速补偿进程；相反，人们会因为自然灾害、社会动荡和恶化的物质生活条件等，使一些不可能的东西成为现实。残疾人个人的态度也是这样的，他们经过了社会的帮助和自身努力之后会变得更加乐观和坚强，并且还会自觉、积极地参与到补偿过程中去；但相反，如果社会条件和教育需求得不到满足就会让残疾人产生失望悲观的心理，更不要提积极地补偿了。但这些其实都是能够互相转化的，只要具备条件，就能够向着补偿方向有所改变。

第四节　特殊教育的原则与过程

一、特殊教育的原则

从本质上来说，特殊教育是一种针对特殊儿童个别差异的教育。所谓个别差异，有两种含义：一种是指个体与群体之间的差异，例如，先天盲和弱视之间的差异是个体与群体之间的差异；而另一种含义是指个体内部之间的差异，例如，同一特殊儿童本身认知能力、社会适应和情绪控制等不同方面发展的差异是个体内部之间的差异。因此，深入地研究、正确地认识、合理地解决和因势利导地利用特殊儿童不同的差异，对实现特殊教育的目的和任务有着重大的理论和实践意义。在对各国的特殊教育实践经验进行总结时，除了要求特殊教育应符合普通教育的一般原则之外，还应贯彻一些其他原则，如补偿教育、早期教育、个别化教育和系统教育等。

（一）补偿教育原则

补偿教育原则就是说明在特殊教育时期，应当提前认清特殊儿童身心特点的不同，再尽量将健全的器官对受损器官的组织功能进行替代，发挥出儿童自身的充分潜能，并增强其适应能力。

人是作为完整有机体存在的，且每个器官与组织功能之间的联系也非常紧密，一旦机体的某一部分受到损害，那么受损器官的部分功能就会在某些程度上被健全的器官所替代。

因为儿童的身体器官是在不断发育之中的，可塑性极强，因此训练的越早就越会产生理想状态下的补偿效果。比如，对盲童进行早期训练，将会有利于他们通过触觉和听觉等来弥补视觉上的缺陷；而对下肢残缺的儿童进行早期训练，将会有利于他们通过进行上肢训练对下肢功能进行替代。这也就进一步说明了在特殊教育中，补偿教育是占有非常重要的地位的。还有专家学者认为，从本质上来说，特殊教育就是通过用健全器官功能对受损器官功能进行替代的补偿教育。

（二）早期教育原则

早期教育原则也就是表示，应该牢牢抓住合适时机，尽早对特殊儿童进行早期教育、判断和干预、训练等。如对残疾儿童的残余视力、残余听力等进行抢救性保护，增强残疾儿童的适应能力或开发天资优异儿童的智力。

从20世纪70年代开始，许多经济发达国家已经意识到特殊儿童早期教育的必要性和重要性，如在普通幼儿园设立特殊幼儿班。近几年来，在民政部门、教育部门和社会各界人士的关怀下，我国也建立了一些从事特殊幼儿早期诊断、早期教育和早期训练的儿童康复中心。大量的事实说明，抓住特殊儿童关键期的早期教育容易收到事半功倍的教育训练效果。

贯彻早期教育原则，首先要做到早期诊断，及早地查明残疾儿童的缺陷所在。其次，在诊断的基础上，尽一切办法来抢救和保存残疾儿童的残存能力（如残余视力和残余听力等），防止其功能继续恶化。最后，针对残疾儿童存在的缺陷，及早地进行训练和矫正，增强他们的适应能力。例如，对失聪儿童进行口语训练和佩戴助听器的训练等。

（三）个别化教育原则

个别化教育原则就是要本着实事求是的精神，按照特殊儿童身心发展的具体情况，从而制定出个别化的教育、训练方案等，才能进一步实行针对性教育。

个别化教育原则含两层含义：首先，基于评估鉴定方面，来对特殊儿童的教育训练方法与目标进行确定；其次，要对他们的种种差异考虑充分，按照他们的知识水平与接受能力的不同而因材施教，并且在对特殊儿童进行教育时不能按照正常儿童的发展标准进行要求。

总之，个别化教育倡导应遵循特殊儿童的实际，依照他们的年龄特征、身心条件、个性差异和发展水平等，进行针对性教育，使其潜能发挥到最大。

（四）系统教育原则

特殊教育作为系统工程，应该结合起学校教育、社会教育与家庭教育，并在教育训练、医疗养护和就业培训等方面对学校、学前和成人教育的成果进行巩固与发展，只有这样才能使教育训练的效果得以实现。在对特殊教育的系统性原则进行贯彻之前，应当先有一个教育观念，并在对待特殊儿童教育问题时也考虑到学校、家庭与社会这三方面；另外，就是要明确教育阶段与环节中的重点和难点，对主要矛盾加以解决；再之后就是要对各阶段的教育成果加以巩固，让其得到提升与强化，除了要对学生循序渐进掌握知识时加强引导，还应对其进行培养，使他们能有计划和有组织地养成刻苦训练的习惯和优秀品质，并且使其成为拥有强大意志力的有用人才。

上述特殊教育的几个基本原则并不是孤立的，在实际的贯彻过程中，它们是相互联系、相互制约的。例如，贯彻早期教育原则会促进补偿教育，并在特殊儿童发展的关键期提升其适应能力；贯彻个别化教育原则还会促进补偿教育，收到较好的教育效果；贯彻系统教育原则将巩固早期教育、补偿教育和个别教育的成果。特殊教育工作者应把它们结合起来，全面地加以贯彻，以此达到预期的教育目的，同时对教育水平也是一种提升。

二、特殊教育的过程

（一）教育预防

目前，残疾儿童尤其是盲童、聋童、弱智儿童是特殊教育的主要对象。引起儿童残疾的原因很多，根据致残的原因和时间，可将残疾儿童分为先天残疾儿童和后天残疾儿童两大类。先天残疾儿童是指未出生前发生功能障碍或刚出生时受到损伤的儿童；后天残疾儿童是指那些因生病或其他原因，如车祸、战争、水灾、火灾等意外事故受伤致残的儿童。无论是哪类残疾儿童，由于生理上的缺陷，他们都很难与正常儿童一样地学习和工作，有的残疾儿童连吃饭穿衣、上厕所等也要依靠别人帮助。有些残疾儿童由于生理上的缺陷，也可能形成心理上的障碍，如情绪不稳定、脾气古怪等。

从教育投入来看，无论是社会还是家庭，在特殊儿童，尤其是残疾儿童的教育与训练方面，都比正常儿童需要更多的投入；与此同时，特殊儿童想要接近或是达到正常儿童的发展水平必须付出更大的努力。所以，采取有效的预防措施能够减少和阻止残疾儿童的出现。这样做，对社会、对特殊儿童的家庭和特殊儿童本身也都是十分有益的。

从现代医学的发展情况来看，残疾儿童的预防应从下列几方面着手。

①让婚前教育的开展具有普遍性，并将从认识、结婚到生育的责任、义务，还有婚后的相关知识都向青年男女进行推广。

②与优生优育相关的知识要进行广泛的宣传，积极倡导婚前检查，禁止近亲结婚，若有遗传病等还要对其进行帮助和提供咨询。

③加强孕妇产前检查工作，采取相应的方法来降低残疾儿童出生率。例如，可采用羊水抽取术来检查胎儿脱落在羊水中的细胞的染色体来诊断唐氏综合征等。

④加强孕妇产后的医疗保健工作，防止疾病感染，大力宣传儿童保健，加强儿童计划免疫工作。

许多国家由于大力开展预防工作，采取了有效的措施，从而降低了残疾儿童的出生率。

（二）教育诊断

在施教之前的教育鉴定与评估被称为教育诊断，这也是特殊教育在实施过程中首先要进行的环节。特殊教育诊断的实行靠的是医务工作者、教育工作者与儿童家长等人员组成的评估鉴定小组。他们在讨论儿童教育需求时采用的方法一般有量表测定、仪器检查与学籍考评访问等，在对特殊儿童及类别进行确定后，会依照诊断结果安排相应教育的环境。

儿童家长在特殊教育的评估与鉴定中，扮演了重要的角色。这一方面是由于家长是孩子的法定保护人，承担有养育、教导孩子的责任；另一方面是儿童长期在家长的身边，家长对儿童的情况（如弱视、重听、智障、学习障碍等）具有敏感性。所以，教育工作者不仅要耐心地倾听家长的意见，有时还要采用《家长情况调查表》来系统地了解家长对儿童身心发展情况的介绍和评估。家长也应本着对孩子负责的精神认真地参与教育诊断的全过程。在许多经济发达国家的特殊教育法中，还明确指出了家长有权否定学校和地方教育管理部门对孩子教育诊断的结论，可向高一级的教育管理部门起诉。此外，在教育诊断基础上制定的教育方案，也只有得到孩子家长的同意后方可实施。医务人员也是参加教育诊断的专业人员。有些严重的残疾儿童往往在出生时就能被诊断出来。在教育诊断时，儿童不仅要接受常规的身体检查，有时还要接受较复杂的专科医生的检查。例如，视力缺陷要由眼科医生来检查，听力缺陷要由耳鼻喉科医生来检查，脑功能障碍要由脑外科和神经科医生检查等。医务人员的诊断结果也是鉴定特殊儿童属于何种类型，应该采取何种相应的教育措施的重要依据。

特殊儿童的教育诊断，是从教育的观点出发，着眼于儿童身心发展状况的探讨。因此，专业心理学工作者也在教育诊断中发挥着重要作用。专业心理学工作者运用他们的业务专长，采用实验、测试、交谈等方法，结合医学诊断的材料、教师和家长的意见，对儿童的心理状况和教育需要、接受教育的程度等做出全面的评估并写出详细的报告。从事特殊教育诊断的专业心理学工作者，不仅要接受普通的高等教育，还要具备两年以上的教学经验，接受一年以上的心理学训练，并得到应用心理学的工作证书。因此，他们是特殊教育评估与鉴定中的关键人物，他们的意见多为特殊教育诊断的决定性意见。在我国，由于比较缺乏符合上述条件的专业心理学工作者，这方面的工作一般由有经验的教育工作者来代替。

儿童的保育员、学生的班主任、校长及地方教育行政管理部门是特殊教育评估与鉴定的中坚力量，在我国更是教育诊断的主力军。他们往往是教育诊断的发起人，也是特殊教育方案的执行者。他们根据保育员、教师、家长的意见，确定接受特殊教育评估儿童的名单，邀请医务人员、专业心理学工作者和家长对儿童进行评估，并根据教育诊断的意见来制订个别化教学计划，即执行教育。

在国外，还有一些社会团体和专业性社团，如残疾人协会、心理学会、教育协会等也参与特殊儿童的教育评估与鉴定工作。我国同样有一些专业性社团（如残疾人联合会）也协助进行教育评估与鉴定工作。

特殊教育施教前的评估与鉴定，即教育诊断的基本程序是先由儿童家长或保育员、教师根据自己的观察所掌握到的最初情况，向地方教育管理部门提出对儿童进行教育诊断的申请报告，要求组织有关人员对儿童的身心发展情况及教育需要做出客观的评估与鉴定。地方教育管理机构立案处理时，通知儿童家长和学校，邀请医务人员、专业心理学工作者进行心理和生理方面的检查与测定。在汇集各方面专业人员和家长的意见后，签署特殊教育评估鉴定证书。如儿童家长不同意已做出的鉴定，可向上级教育主管部门上诉，上级教育主管部门接到起诉后，可组织有关专业人员重新评估与鉴定，如诊断结论一致，则维持原议。但这一切都必须在家长的同意下进行，不能违背家长的意愿来安排儿童的教育训练。

许多国家都制定指导特殊教育的相应法律，对特殊儿童的评估与鉴定也分别做出了明确的规定。例如，英国 1981 年教育法案就对学习低能或学习困难儿童的范围做了如下的具体规定：①与同龄人相比较，学习上有明显的困难或遇到较大的障碍；②学习能力的缺乏已使其不能达到同一地区、同一年级学生学业水平的最低要求；③该儿童在入学前就可能隐含未被发现的身心残疾。

我国目前有关特殊教育的法律法规还不健全，尽管已经出台了《残疾人教育条例》《特殊教育学校规程》等，但是有关特殊教育的工作大部分还都是参照普通教育法的有关条例和政府部门的文件、指令来执行的。

我国特殊儿童的教育诊断多由区、县级基础教育管理部门组织有关专业人员，定期开展工作。由于特殊教育诊断既是通过检查与测定来确定特殊教育对象和特殊教育目标的重要步骤，也是用来区分特殊儿童和普通儿童的主要手段，所以应引起有关部门的高度重视。只有相关专业人员通力合作，并得到儿童家长的积极支持，才能把这项工作做得更好。

（三）教育训练

已经诊断为要接受特殊教育的儿童，应当在最少限制的学校与班级中安置下来，并且对其进行教育训练。而特殊儿童在一定教育环境中因为接受指导，从而提升自身的适应能力，对自己行为方式进行转变，增长知识与发展技巧的过程就是教育训练的过程，其也是特殊教育全过程中非常核心的一部分。

特殊儿童之所以能够进行教育训练离不开诊断结果的分类。教育训练的内容、目标和方式等都要与特殊儿童的实际情况相符合，并满足其教育需要。例如，盲童要接受盲文学习和使用触摸器进行阅读等方面的训练，聋童要接受手势语、看话方面的训练，语言障碍儿童要接受针对性的语言训练等。

在进行教育训练时一定要按照训练计划与教育大纲分阶段实施，不同的训练要求与目标需要在不同的训练阶段展开。当代特殊教育的理论越来越强调特殊教育训练的个别化，并且在进行过程中需要随着特殊儿童的实际水平与客观条件变化，反对“齐步走”“一刀切”等做法。同时，我国的特殊教育尚在起步阶段，交代好特殊儿童教育训练工作，在教学大纲的制定、教材编写、师资培训等方面都有许多问题要结合我国的实际情况进行探讨。

（四）就业培训

特殊教育是一种将医疗养护、教育训练、劳动就业融为一体的系统工程，为了让特殊儿童，特别是残疾儿童成为能在社会做出贡献且拥有基本自理能力的公民，需要在特殊教育中开设劳动技术课，以便实现职业教育和中等技术教育的发展，培养他们拥有一技之长，并能真正解决残疾儿童未来的劳动就业问题，同时这也是特殊教育中的重要环节之一。

我国残疾人的劳动就业是由劳动人事部门、社会福利机构和教育部门来统筹安排的。特殊儿童与青少年将来的劳动就业，既要考虑到他们的身心条件、个人的兴趣爱好，又要考虑到社会的需要。我国政府为大力支持和发展残疾人的劳动就业，制定了一些特殊的政策，如减免税收等。当然，在安排残疾人的劳动就业时，应在照顾他们身心特点的基础上，将其安置在适合的岗位上，以充分发挥他们的才能。

特殊教育过程中的这四个环节是紧密相连的。教育预防可以尽量减少残疾儿童的出现率；教育诊断是为了确定教育对象和目标，早期教育诊断也是对特殊儿童实施早期教育的必要手段；教育训练是改变特殊儿童智力、体力，增强其适应能力，获得一定文化知识和技能的重要途径；就业培训则是为了巩固教育训练的成果，解决特殊儿童的就业问题，减轻家庭与社会负担的重要环节。做好教育预防工作，不仅可以减轻家庭与社会的负担，还可以提高特殊教育的质量；科学的诊断为以后的教育训练和劳动就业提供了依据，良好的教育训练为特殊儿童与青少年的劳动就业打下了坚实的基础；使特殊教育对象能够从事一定的社会劳动，成为有理想、有知识、有能力、自食其力、意志坚强的社会成员，则是特殊教育的最终目标、教育诊断和教育训练的目标。

本章在开始说明了，特殊教育是按照社会需要，以及特殊儿童在教育和身心特点方面的需要，尽可能大地发挥受教育者潜能，使其提升适应能力、获得技能和增长知识的一种教育。特殊教育是社会教育活动的有机组成部分。

特殊教育的对象是一些因生理、心理障碍所造成的有适应困难和有特殊教育需求的儿童和青少年。特殊教育的目的和任务是最大限度地满足社会的要求和特殊儿童的教育需要，发展特殊儿童和青少年的体力、智力与人格，培养他们的生活信心、健康的自我意识、生活与劳动就业的能力。

第二章　我国的特殊教育事业发展概述

特殊教育作为教育的一个组成部分自然具有教育的各种作用，社会中特殊需要群体的发展离不开特殊教育，作为社会群体的一个组成部分，特殊需要群体的发展也是整个社会发展进步的重要组成部分。本章主要分为我国特殊教育事业的发展、我国特殊教育事业的发展动向、我国特殊教育的体系与模式、我国的特殊教育教学四个部分，主要包括中国特殊教育的产生前阶段、中国特殊教育的产生阶段、中国特殊教育的发展阶段、家长的参与和家庭教育日益受到重视、多学科之间的协作得到加强等内容。

第一节　我国特殊教育事业的发展阶段

一、中国特殊教育的产生前阶段

中华民族的文明发展史有五千年之久，尊敬老人、对幼儿慈悲、帮助弱小、帮助残疾人是中华民族的传统美德。从中华民族的传统文化来看，不像早期的欧洲那样，对残疾儿童采取肉体消灭等野蛮手段。虽然对当时如何对待残疾儿童的情况已无法考证，但从我国古代哲学理念及伦理道德的义理中不难发现古代中国人宽待残疾人的缩影。据《周礼·地官司徒第二》记载，周代时期，政府已经施行了赡养老人、帮助穷人等政治措施，《礼记·礼运》之中也表现出了建立大同社会的思想。孔子的“仁”的思想、孟子的“老吾老以及人之老”以及墨子的“兼相爱”的思想都体现着中华民族优秀传统文化中帮助弱势群体的观点。这些观点对古代的封建统治产生了一定的影响。据《汉书》记载，元狩（汉武帝年号）五年，汉武帝“遣博士大夫等六人分循天下，访问鳏寡废疾，无以振疾者，贷与之”。这说明那时政府已开始搞一些孤残人的扶助工作；到明朝时，据《嘉靖仁和县志》“洪武三年命天下府州县开设惠民药局，拯疗贫病军民疾患”，当然这些只是统治阶级为缓和社会矛盾、用以调整社会关系的一种措施而已。

从另一方面看，我国古代统治阶级还制定了大量的残疾惩罚措施，如通过挖眼睛等来震慑人们，以保证其统治地位。著名的军事家孙膑就是被剁去双腿髌骨而致残的。古代时期各个民族和各个国家经常发生战争，自然灾难和生活贫困是造成更多残疾的重要原因。

同时，我国很早就能科学地解释残疾发生的原因及现象。在钟鼎文中“盲”用形似眼睛被一物戳伤的形象表示，据考证，这是为了防止被抓住的战俘逃跑而刺伤其眼睛的记载。《左传·僖公二十四年》（相当于公元前600多年）记载“耳不听五声之和为聋，目不别五色之章为昧”，即不能听见各种声调的声音就是聋，眼睛看不到各种颜色无光感就是盲。这与现代科学对耳聋和目盲的解释已经很相近了。《吕氏春秋》中说：“轻水所多，秃与瘿人。”这是在地理环境方面对导致智力障碍和疾病的原因进行分析。东汉时期，语言学家许慎在《说文解字》中解释道：“聋，无闻也。”“盲，无眸子。”我国著名教育家孔子也曾注意到人在能力、智力上的差异，《论语·先进》中说：“柴也愚，参也鲁。”（即孔子说其弟子高柴比较愚笨，弟子曾参则比较钝鲁。）东汉时期的王充是一个唯物主义者。在他看来，知识是在感官经验中得来的，他对当时社会上广泛流行的唯心主义观点持批判态度。在这个方面，王充比欧洲哲学家狄德罗的思想早了一千多年。……诸如此类的科学观点，在我国浩如烟海的古代文献中屡屡可见，这充分反映出中华民族的聪明和智慧；尽管中国古代奴隶社会、封建社会是那么漫长，迷信和宿命论也曾盛行不衰，但在中华民族悠久的历史上对待残疾和残疾人的态度问题上不乏唯物、科学与进步。当然在剥削阶级长期占据统治地位时歧视残疾人的现象肯定也是存在的，虽然有很小一部分残疾人坚持读书学习，参加科举考试，但到现在仍然没有发现封建统治阶级为身体有障碍的人专门创办学校，开展考试的史实。

二、中国特殊教育的产生阶段

1840年，鸦片战争战败，西方国家强行打开了封闭的中国国门，一时间西方科学技术大量传入我国。与此同时，我国一些有远见的知识分子在积极提倡学习西方思想文化、政治经济理论，希望能够对社会思想和文化教育做出变革，同时开始关注西方国家如何处理特殊教育的问题，因此，开始着手在我国创办特殊教育学校。例如，当时，在法国的清政府使节曾拜访巴黎盲人学校，参观之后还写下参观的感想。一些大臣向光绪皇帝讲明了西方的教育情况（包括特殊教育），希望能够在改革中借鉴这些特殊教育的办学经验。根据历史资料记载，太平天国运动的领导人之一洪仁玕曾经明确提出过建立特殊学校的建议，即《资政新篇》中的“兴跛盲聋哑院。有财者自携资斧，无财者善人乐助，请长教以鼓乐书数杂技，不致为废人也”的建议，在这方面，洪秀全非常支持洪仁玕的观点。

1874年，瞽叟通文馆在北京建立，这是我国的第一所特殊学校，创办者是英国人穆·威廉（M.William）。这所学校是北京市盲人学校的前身，主要教授特殊儿童读书和音乐。1887年，我国第一所聋哑学校在山东登州成立，是由美国人梅尔斯（C. R. Mills）创办的，后来梅尔斯的妻子梅耐德（Ameetta T. Mills）将其迁到烟台市。这所学校即烟台市特殊教育学校的前身。在创办了这两所特殊学校之后，国外盲人使用的盲文点字和聋哑人使用的手语也逐渐传入我国，在这个前提下，我国产生了本国的盲文点字和聋哑人手语。在这之后，还有一部分外国人和慈善机构在武汉、广州等地通过创办慈善事业的方式开办特殊学校。

到辛亥革命前后，我国的一些社会人士参与到发展特殊教育的事业中。1912年，南通师范传习所在江苏南通成立，创办人是近代著名实业家张謇。1916年，张謇创办了一所特殊学校——南通盲哑学校（今南通市聋哑学校）。这是中国人自己办的最早的特殊学校之一。此外，在杭州、长沙、沧县等地陆续都有中国人自己开办的特殊学校。宣统元年（1909年）王我藏曾主张在学校内设置“低能儿特殊班”，课外特别教授；民国三年（1914年）潘文安提出在学校开设“心育园”对特殊儿童进行辅导；民国十一年（1922年）邰爽秋提议在校内开设“个别辅导班”和“智慧察验班”对智力发育迟缓的儿童进行辅导和教育……这些都说明当时人们已经开始关注弱智儿童的教育问题了。另据记载，民国十年（1921年）江苏省立第一师范附属小学为缓解家长的不满、教师的不安情绪，减轻学生留级的痛苦及探索其留级究竟是先天不足还是人事未尽的成因等，特设立了“特殊学级”，以对儿童进行智力测验和品行、学业调查为依据，招收智能不足的“劣等生”入学，与家庭密切配合，旨在适应个别差异，以期能发掘其潜能、培养其社会适应能力。当时该实验成效卓著，深得教育界的重视，只可惜因北伐、抗战等原因，未能继续普及和推广，但从现有资料看，这是在我国小学附设特殊教育班和智障教育的先驱。

在新中国成立之前，统治阶级参与特殊教育比较被动，从张百熙修订《钦定小学堂章程》中规定入学者“志趣端正，资性聪明，家世清白，身体壮健”

可以看出，当时政府只办普通教育，无特殊教育之说，仅“身体壮健”一条便将所有残疾儿童拒之校门外了。1903年，修订《奏定初等小学堂章程》中则明确提出：“或病弱，或发育较迟不能就学者……准暂缓就学”“如有患疯癫痼疾，或五官不具不能就学者……准免其就学”，这里可以看出当时朝廷虽然积极普兴学校，但对特殊学生尚无力教育，因此学制之中并无特殊学校的地位。1912年，中华民国政府教育部成立，在其公布的规章制度中规定城镇要开办盲哑学校，学务委员会负责管理聋哑学校的经费，创办私立盲哑学校需要得到行政长官的许可，停办私立盲哑学校也需要得到行政长官的许可。这是政府确定特殊学校的学制地位的标志，也是政府进行特殊教育管理的开始。1916年，北京政府公布的《国民学校令施行细则》中则进一步明确了这一思想；盲哑学校校长教员的任用、惩戒等均依国民学校的规定。1922年，北洋政府颁布了《学校系统改革案》，规定了“注重天才教育，得变通年限及教程，使优异之智能尽量发展”。这从法令上进一步肯定了特殊教育的地位，但由于后来的战乱，一般教育经费都很缺乏，对特殊教育则更无力兴办了，但在《小学法》《小学规程》《实施义务教育暂行办法》及《国民教育实施纲要》等法令中大多都提到有痼疾的学龄儿童得由家长或保护人请求缓学或免学。1927年，全国第一所国家创办的特殊学校在南京成立，即南京设立的市立盲哑学校。当时特殊学生未能享受同等的受教育机会，少量的特殊教育学校还是靠各慈善团体和热心人士在支撑着。

在剥削阶级占统治地位的战争频繁又屡遭帝国主义侵略的旧中国，特殊教育事业是不可能有太大的发展的。当时没有统一的教学计划、教学大纲和教材，经费也得不到保证，教师负担重、待遇低。但关注特殊教育的人士在很大程度上促进了盲、聋特殊教育的发展，他们积极创办特殊教育学校、将国外的特殊教育资料翻译成中文、到国外对特殊教育进行考察和学习，在国内展开调查和研究，撰写文章向社会公众宣传盲聋教育，培养盲聋教育的师资力量。

三、中国特殊教育的发展阶段

中华人民共和国成立之后，中国特殊教育的发展进入了新的阶段。

第一，在党和政府的领导下，首先对旧有特殊学校进行整顿和改革。针对外资津贴的特殊学校，政府对其进行了接管，对其特殊教育主权进行收回；从根本上对特殊教育属于慈善救济的性质做出了变革。1951年10月，周恩来总理签署了《关于改革学制的决定》。在这之后，特殊教育正式成了中国教育体系的一个组成部分，受到有关部门的重视和支持。1953 年，中央教育部设立了专门主管全国特教工作的管理机构——盲哑教育处。

第二，新建了一大批特殊学校，使广大残疾儿童能有入学的机会。到 1966 年，全国盲校、聋校增加到 226 所，学生人数增加到 22800 多人（不包括香港和台湾地区）。

第三，国家研究制定了特殊学校的教学方针与任务，并围绕之制订了教学计划、教学大纲，撰写特殊教育专用教材，颁布全国统一的新盲字和汉语拼音手指字母方案、通用手语，使特殊学校的教学走上正规化、科学化的道路。

第四，开展了特殊教育群众性科研活动和师资培训工作。1954 年在全国推广了口语教学试验的成果。1956 年，政府规定了“按评定的等级工资另外加发 15%”的特教教师津贴，以示鼓励。教育部及各地也多次举办聋哑学校教师培训班以培训各地教师。

1971 年，周恩来总理和叶剑英同志到特殊学校视察工作，对特殊教育工作做了指示。

1978 年后，我国确定了以经济建设为中心的基本路线，教育成了重要发展战略。特殊教育的发展也进入了新的历程。

1978 年以来，各级政府和有关部门对特殊教育工作更加重视，各级文件和法律法规中都明确提出要发展特殊教育，同时将特殊教育纳入义务教育之中。近年来，国家多次召开关于特殊教育的会议，对特殊教育工作进行部署，同时为特殊教育工作设立专项补助费用。各地区、各级教育部门为特殊教育工作配备主管干部，使特殊教育工作真正做到有人抓，在保证教育事业发展的同时推动特殊教育的发展。

特殊教育正在逐步建立早期教育到高等教育的完整体系，政府、有关部门、个人共同推动特殊教育的发展。

与早期相比，特殊教育的种类也在不断增多，视力、听力和智力存在障碍的儿童都可以接受特殊教育。智力障碍的特殊教育虽然起步较晚但发展非常迅速。1976 年，全国特殊学校共有 269 所，2018 年，全国特殊学校达到 2152 所，在校人数达到 66.59 万人。与此同时，特殊教育的教学质量、办学质量、教学的硬件设施也有很大程度的提高。

特殊教育的教师培训也逐渐朝着专业化和系列化发展。特殊教育师范院校和特殊教育专业纷纷设立起来。1985 年，我国第一所特殊教育师范学校南京特殊教育师范学校建立，这是一所由国家创办的特殊教育师范学校；1986 年，北京师范大学特殊教育专业开始招生。截至 2018 年，全国共有 61 所高校开设有特殊教育专业，包括北京师范大学、北京语言大学、西南大学等。

特殊教育的科研水平也在不断提高。北京师范大学设立有特殊教育研究中心、中央教育科学研究所设立有特殊教育研究室，全国还有一些与之相类似的研究机构，并且将专业的科研工作和群众性科研工作相结合，研究的领域包括特殊学校的教学计划、教学方法等。

第二节　我国特殊教育事业的发展动向

一、家长的参与和家庭教育受到重视

家长参与特殊教育决策，落实和维护自己及其子女的合法权益，这一点越来越受到世界各国的关注。20 世纪 40 年代和 50 年代，特殊儿童的家长采取的方式主要是组织和成立家长团体（如美国智障公民协会、脑瘫联合会），希望引起公众对残疾儿童和具有集体权利的特殊教育的关注，进而促进特殊教育的立法工作得以进行，并呼吁特殊儿童和普通儿童获得平等的教育机会。随着特殊教育在社会中的逐步普及，人们对特殊教育的接受程度越来越高，特殊儿童家长的努力方向也有了改变。特殊儿童家长的努力方向不再是特殊儿童的受教育问题，特殊儿童的家长已经成为决定特殊教育计划和政策的积极参与者。为了促使父母参与特殊教育，一些国家还给予了父母充分参与法律制定的权利。比如，美国法律规定，家长有权在学校对残疾儿童采取任何措施之前得到通知，学校还要向特殊儿童的家长解释采取这些措施的原因；家长有权就学校的决定提出质疑；家长有权查阅儿童的未确定的评估和考试记录；家长有权否决学校为其子女制订的个别教育计划，等等。在法律的保障下，家长可以更合理地表达他们对子女教育的意见。

从各个国家的实际情况来看，家长对特殊教育的参与主要表现在以下几个方面。第一，在特殊儿童的教育和心理诊断方面，父母需要配合教师和医生的工作，积极提供了有关儿童成长和发展、家庭行为和生活习惯的信息，从而帮助医生诊断并供教师参考。第二，学校需要和特殊儿童的家长进行商讨，帮助特殊儿童制订长期和短期教育计划和教育目标，使这些计划和目标能尽量满足学生生活和发展的需要。第三，教师需要和特殊儿童的家长对已经制订的教育计划和目标进行协商，从而确定能够在家庭中实施的计划，以使学校教育和家庭教育保持连续性和一致性。第四，在遇到学生、教师和家长行为异常等特殊问题时，教师和家长要及时协商并制订对策。第五，针对特殊儿童的家长遇到

的问题，如教育方法不正确、情绪问题等，教师要为家长提供意见和帮助。在这些国家的特殊教育发展情况的影响下，我国特殊教育的发展也出现了家长的参与和家庭教育受到重视的局面。

在重视特殊儿童的家长参与的同时，我国特殊教育也对特殊儿童的家庭教育非常重视。特殊教育的对象主要是残疾儿童，这些残疾儿童由于长时间患有疾病、家庭位于偏远地区和身体健康状况极差而不能正常上学。巡回服务小组的特殊教育教师、心理学家或其他专家（职业治疗师、听力学家、语言矫正专家等），向残疾儿童提供直接咨询和培训，同时也向父母提供咨询和培训。

二、早期干预越来越受重视

特殊儿童的早期干预有两层含义：一方面，要在早期对特殊儿童的第一缺陷进行确诊，使用医学和心理学的方法对其进行干预，尽量对可能出现的第二缺陷进行纠正；另一方面，早期干预、诊断、识别和干预婴儿时期（3 岁之前）或学龄前（6 岁之前）儿童的缺陷。这一点非常重要。

我国特殊教育事业的发展受到了国外的一些做法的影响。1960 年以后，各个国家都在积极推广特殊儿童的义务教育，积极配合特殊儿童的早期发现、早期诊断和早期干预的工作，推行的很多措施效果显著。在 1960 年，美国颁布了《残疾儿童早期教育法案》，这个法案主要规定了特殊儿童的早期教育问题。1975 年，美国颁布法案，确定 3 ～ 21 岁的特殊儿童、青年可以接受免费的公立教育，这一法案将特殊儿童的义务教育年龄进行了提前。1986 年，美国又对这一方案进行了修正，详细规定了早期干预的对象和需要提供的服务，同时规定要为特殊儿童的家庭提供家庭服务计划。1944 年，英国在其教育法中规定，地方教育当局有义务对 2 岁以上有特殊教育需要的儿童进行鉴定。大部分地区的专业人员能够对出生 10 天后的婴儿进行检查，这一检查将一直持续到儿童上学。如果专业人员在检查过程中发现特殊儿童，专业人员将会建议将特殊儿童安置到有关的学前特殊教育机构如保育班、保育学校和游戏教室等。此外，专业人员在征得家长同意后可以对 2 岁以下的婴幼儿进行鉴定。俄罗斯则形成的包括特殊幼儿园、日间托儿所和普通幼儿园附设特殊班的特殊儿童学前教育体系。从 1970 年开始，日本在普通幼儿园中设立了特殊教育班级，有些特殊学校还设立了幼儿部，对特殊儿童进行早期教育。德国规定婴幼儿在出生到 4 岁之间要接受 7 项健康检查，以便尽早发现特殊儿童。在这些国家的影响下，我国特殊教育工作对特殊儿童的早期干预越来越重视，特殊儿童的早期干预主要有以下措施。

①早期家庭教育。在有关部门的指导下，特殊儿童的家长训练特殊儿童的认知、社会技能。

②游戏团体。特殊儿童的家庭和 2 ～ 3 名同龄普通儿童的家庭建立关系，协调好儿童游戏时间，让特殊儿童和普通儿童共同游戏。借助这种方式能够促进儿童之间、家庭之间相互理解。

③入园团体。接受家庭早期教育的特殊儿童可以组成团体进入配套设施完善的幼儿园进行学习，团体一般包括 4 ～ 6 名特殊儿童。这种团体需要专业人员的观察，并对其进行医学检查和教育测量。

④幼儿园。特殊儿童可以在 3 岁左右进入幼儿园学习，在入园后将被分为 3 种组织团体，即需要接受特殊教育的特殊儿童游戏团体、特殊儿童和普通儿童定时共同教育的游戏团体以及普通儿童游戏团体，以便对其进行多种形式的早期教育。

现阶段，我国没有充足的财力、物力和专业教师支持特殊儿童的早期干预工作，特殊儿童的早期干预也没能达到普及的水平。但国家一直在落实“教育训练越早开始越好”的原则。特殊教育的社会接受程度越来越高，特殊儿童的早期干预也逐渐成了特殊教育的关注点。

三、积极推行回归主流教育

在 20 世纪 50—60 年代，具有隔离性质的教育或保护机构中（主要是全日制寄宿学校和特殊学校）收纳了大量的特殊儿童，由这些机构对特殊儿童进行照顾和教育。残疾人士生活的圈子比较狭窄，和普通人的生活差不多是完全隔绝的状态。在 20 世纪 60 年代以后，西方掀起了民权运动的思潮，一般公众认识到特殊儿童，特别是残疾儿童的本质，普通公众对特殊教育观念发生了变化，越来越多的社会公众开始认识到，传统隔离的特殊教育安置对残疾儿童的未来的个人发展和社会生活会造成不利影响，从而促使特殊教育领域开展了回归主流运动，这项运动的影响非常深远。回归主流运动的主要目的是将残疾儿童与正常儿童进行同等的安置，为特殊儿童创造一种可以和普通儿童一样正常学习和生活环境，并使特殊教育重新返回到正规教育的主流中。今天，失明儿童、聋童、智力迟钝的儿童、语言障碍儿童以及同龄的其他正常伙伴，坐在相同的教室正常接受教育，这已经成了一种共同的做法。这是一种特殊教育发展的国际趋势，回归主流教育的重要性被有关部门和社会各界普遍认同。

在执行回归主流教育过程中，由于文化背景、政治制度和经济条件的不同，形成了不同的模式，主要有以下四个。

（一）教育配对模式

教育配对模式主要有两种方法。一是学校在教师安排方面安排普通班级教师和特殊班级教师相匹配，普通班教师和特殊班教师共同负责彼此学生的教学。例如，一些特殊班级的课程，如英语可以单独上课，而另一些课程（主要是非学术性课程）可以与正常课程一起授课。在美国、加拿大等国家的部分时间制正常班加部分时间制特殊班的安置方式也属于这一类型。另一种办法是将特殊学校与普通学校相匹配，使人、设备和学生能够相互交流和帮助。

早在 1994 年的“世界特殊需要教育大会”就通过了《萨拉曼卡宣言》，这一宣言提出了“全纳教育”的思想，即倡导包括特殊儿童在内的所有儿童都能进入学校接受教育。

（二）辅导教室模式

辅导教室模式是指特殊儿童和普通儿童共同参加学校活动和课外活动，但特殊儿童需要在固定时间到辅导教室接受专业人员的帮助。辅导教室模式和特殊班的区别主要是辅导教室模式下的特殊儿童只在规定时间到辅导教室上课，其余时间在普通班级上课。辅导教师根据学生的具体情况和实际需要为他们提供各种各样的服务，如补习功课、矫正语言缺陷、身体机能训练、物理治疗、职业治疗等。辅导教师除给特殊儿童提供服务外，还经常给普通儿童提供服务。

（三）巡回服务模式

巡回服务模式是指特殊儿童在普通班级学习，巡回服务人员会对特殊儿童提供特殊教育和服务。巡回服务人员提供的教育和服务通常是定期的，一般是每周一次到五次，次数不等。巡回服务人员由语言病理学家、社会工作人员、医生、特殊教育教师等组成。位置比较偏僻的乡村地区和特殊儿童比较少的学校或校区适合使用这种特殊教育模式。

（四）咨询服务模式

咨询服务模式是指特殊儿童随普通班级就读，普通班级的教师为其提供特殊教育，但学校需要配备接受过特殊教育专业训练的咨询教师，能够通过咨询服务为普通班级的教育提供帮助。咨询教师的服务范围主要包括三个方面：一是为普通班级的教师提供特殊教育的教学建议；二是为普通班级的教师提供关于特殊儿童的心理健康和教育方面的基础知识，帮助其更好地完成特殊儿童的教育工作；三是为特殊儿童的家长提供咨询服务，使其更好地配合学校的工作。

四、多学科之间的协作得到加强

特殊儿童的很多问题关系到医学、教育学、心理学和社会学等方面，因而要解决特殊儿童的教育问题需要相关学科的专业人员之间相互配合，协同作战。这种认识近几十年来在特殊教育实践中得到了很好的贯彻。

多学科协作在特殊教育过程中主要表现在以下几个方面。

一是在特殊儿童的诊断和鉴定中，由各学科专家组成小组，对儿童的问题进行全面的检查诊断。例如，在检查评估智力落后儿童时，医学专家要检查儿童的身体发育状况、大脑损伤情况和其他身体问题；视听专家要了解儿童的视觉和听觉情况；心理学家要对儿童进行智力和社会适应能力的测量；社会工作人员要调查儿童所生活的环境，以便决定环境因素对儿童智力发展的影响，等等。

二是特殊儿童个别教育计划的制订，需要由多学科专家组成的 IEP 小组来负责。这个小组通常由下列人员组成：教育行政管理人员、特殊教育教师、普通教育教师、心理学工作者、医学工作者、儿童家长或监护人、职业治疗师、物理治疗师、社会工作者等。小组的主要任务是对儿童的所有评估资料进行综合分析，确认儿童的特殊教育需要和有关服务，并提出满足儿童特殊教育需要的具体措施和方案。

三是在特殊儿童个别教育计划的实施过程中，各学科专家也需分工合作，共同担负起特殊儿童的教育训练工作。个别教育计划虽然主要由教师实施，但如果没有其他专业人员的配合，其所制定的年度教学目标和短期教学目标是很难实现的。例如，儿童的言语和语言问题需要语言病理学家或言语治疗师的配合，身体机能问题需要物理治疗师的配合和职业治疗师的配合，儿童的进行性疾病需要医生的帮助等。

五、对残疾成因的讨论影响力扩大

1950 年之前，很多人将特殊儿童的问题视为特殊儿童本身的问题，这主要是从医学的角度进行分析的。例如，在很长一段时间中，特殊儿童被认为是存在器质性损伤的儿童。这种观点对于问题严重的儿童来说是正确的，但对问题比较轻微的儿童来说则是不完全正确的。

特殊教育的发展扩大了特殊教育对象的范围，如今的特殊教育对象除了视力障碍、听力障碍和肢体障碍的儿童外，还包括学习障碍、情绪障碍、轻度智力落后、言语和语言障碍儿童。对特殊儿童的特殊性的判定标准已经不再只是从身心特点出发，还会根据个体对环境的要求进行判断。这种在特殊性定义中重视环境作用的认识是传统的医学模式向社会生态学模式转变的结果。传统医学认为，特殊儿童的特殊性是由儿童的生理条件或疾病决定的，社会生态学则认为，特殊儿童的特殊性是复杂的方式和环境相互作用的结果。

例如，如果仅仅在医学的方面进行检查，智力障碍比较轻微的儿童没有明显的病理症状，这就使得人们改变原有观念，在特殊儿童的生长环境和学习环境中分析原因，如不良的教育方式、糟糕的经济状况、营养不足等。再比如，对于行为方面有问题的儿童，人们经常认为这是儿童本身的问题造成的，但现在主要从容易造成儿童出现异常行为的环境本身来分析，如社会的不良现象、不健康的思想观念等。从教育方面看，医学模式向社会生态学模式的转变表现出了人们的教育观念的改变，即以改变儿童的行为为教育目标转变为为特殊儿童设计适应其发展的环境的目标。

六、通过立法保障残疾儿童的权益

长时间以来，因为复杂的原因，特殊儿童的合法权益问题得不到重视，很多国家和地区对特殊儿童不愿意承担提供服务的责任，因而，特殊儿童的受教育权、人格权等基本人权得不到保障。第二次世界大战以后，尤其是从20世纪70年代开始，由于经济的发展，人们的教育观念改变和人道主义精神提高，各个国家的特殊儿童的教育问题得到重视，保障特殊儿童权益的法律法规也逐渐开始实施。这些法律法规改善了特殊儿童的生存状况。

1975年，第30届联合国大会通过了一个影响深远的《残疾人权利宣言》，明确规定了残疾人所享有的各种权利。宣言规定，残疾人享有人格受到尊重的基本权利，不管其伤残的原因、特征和程度，都享有与同年龄公民同等的基本权利；残疾人享有与其他人同等的公民权及政治权利，享有医学和心理学的功能治疗、安装假肢及矫正器、接受教育、职业培训以及其他能够最大限度地挖掘残疾人的潜力，促进其回归社会或重返社会的权利；残疾人应有经济的、社会的保障，以保持其相当的生活水平，他们享有按其能力被雇用、获得有偿职业的权利，有参加工会的权利；残疾人有权和其家庭或亲属共同生活，参加一切社会活动、创造性活动和娱乐活动；残疾人对其居住条件，除特殊需要外，应避免接受有差别的待遇，即便他们住进有专门设施的场所，其环境和生活条件也应尽可能与正常人相近；如果对残疾人提出诉讼，进入法律程序时应充分考虑他们的身体和精神状态等。《残疾人权利宣言》特别强调，残疾人不分人种、肤色、性别、语言、宗教、政治见解、社会地位、贫富、出生或家庭状况，都无区别地享受上述权利。《残疾人权利宣言》的通过，标志着人们对残疾人的认识有了一个质的飞跃。

上述法令法规除了具有行政上的强制、约束作用外，更重要的是使人们的一些传统的错误观念得到了改变。现在，我国社会公众逐渐意识到，特殊儿童也是社会的一分子，和普通人一样享受人的基本权利；特殊儿童在接受教育和训练之后，能够适应社会生活，掌握社会生活的技能；特殊儿童需要得到社会的关爱，也需要得到社会的尊重。各国特殊教育的发展在相当程度上是建立在这些认识基础上的。

我国的特殊教育还滞后于普通教育的发展水平，不适应我国社会主义现代化建设的需要。相比于特殊教育比较完善的国家，我国的特殊教育事业还与之有一定的差距。为促进我国特殊教育的发展，普及残疾儿童义务教育，需要对自身发展经验进行总结，同时学习和借鉴国外先进的特殊教育发展经验。笔者提出以下几点建议。

（一）完善特殊教育的立法和执法工作

如果说提高人们对特殊教育的认识是发展和普及特殊教育的前提，那么，加强和完善特殊教育的立法工作则是发展和普及特殊教育的必要保证。特殊教育先进国家的经验表明，在公众对特殊教育的认识还够深入的时候，特殊教育的发展和普及必须要有法律做强有力的后盾。

我国特殊教育的立法工作逐渐受到了重视，取得了一些令人鼓舞的成就。在 1986 年 4 月 22 日通过的《中华人民共和国义务教育法》中，国家要求“地方各级人民政府为盲、聋哑和智障的儿童、少年举办特殊教育学校（班）”。1990 年 12 月 28 日通过的《中华人民共和国残疾人保障法》明确宣布：“国家保障残疾人受教育的权利。”该法对学生特殊性施教、发展方针、办学渠道、教育方式、成人教育、师资、辅助手段等做了原则规定。这些法律对促进特殊教育事业发展意义重大。下一步需要各职能部门如国家教育委员会、中国残疾人联合会等尽快制定实施细则，国务院有关部门及早完善《中华人民共和国残疾人教育条例》（以下简称《残疾人教育条例》）《残疾人就业条例》等行政法规和有关规章。另外，我们还需要广泛开展宣传、学习和贯彻《中华人民共和国残疾人保障法》的活动，采取切实措施，使保障残疾人权益的法律、法规得到认真遵守和执行，做到有法必依，执法必严，违法必究。

残疾人教育被纳入《国家中长期教育改革和发展规划纲要（2010—2020年）》《“十三五”推进基本公共服务均等化规划》《中国教育现代化2035》等文件中。2017年，国务院对《残疾人教育条例》进行了新的修订。为了着力办好特殊教育，努力发展融合教育，提高残疾人受教育水平，国家还特别制定实施了两期《特殊教育提升计划》。

（二）提高公众对特殊教育的认识

特殊教育发展不完善体现了经济不够发达，同时也反映了公众的思想意识和观念比较落后，智利的S.班迪博士在分析中国现代化进程时曾指出，落后和发达不仅是涉及经济发展情况的反映，也是一种心理状态的反映。因此，为推动特殊教育的发展，需要加强宣传力度，向社会公众普及特殊教育的知识，提高社会公众对特殊教育的认识程度。

从世界范围来看，1950年以后教育快速发展的一个重要原因是社会公众普遍认为接受教育是人的基本权利，也是社会发展的重要因素。我国宪法中规定公民享有平等的权利，有生理残疾的人同样享有平等的权利，这非常有利于我国特殊教育的发展。但是社会公众中很多人不能科学地认识特殊儿童，个别地区将特殊教育视为福利事业，而不是将特殊教育纳入义务教育之中。

针对这些现象，有关部门需要对社会公众进行宣传，提高公众的人道主义精神，使其对特殊教育形成正确的认识，使其了解特殊教育的意义，使人们对特殊教育形成公正的看法，从而支持特殊教育的发展，能够没有偏见地和特殊儿童接触。依照现阶段我国的经济发展情况，虽然不能解决所有的特殊儿童入学问题，但需要重视特殊儿童教育事业。

（三）逐步扩展特殊教育的对象

国外特殊教育的对象包括了各种类型的各种程度的特殊儿童，主要有学习障碍、言语和语言缺陷、智力落后、情绪障碍、其他健康障碍、聋和重听、肢体残疾、多重障碍、视觉障碍和天才儿童。而在我国，除了盲教育、聋教育、智力落后教育和工读教育（由公安部门主管）外，其他类型的教育目前几乎还是空白。因而，在今后的较长一段时间内，我国特殊教育发展所面临的一项挑战性的工作将会是扩展特殊教育对象，完善特殊教育体系。各地在制定特殊教育发展规划时，应尽可能考虑到使特殊学校的类型和数量与各种类型和各种缺陷程度的特殊儿童人数成比例。

（四）加强早期教育和职业技术教育工作

目前，世界各国都非常重视残疾儿童的早期教育和职业技术教育工作，新的政策和措施纷纷出台。我国近些年大力普及特殊儿童义务教育，从而造成了特殊儿童早期教育和职业技术教育比较落后的问题，具体表现为早期教育机构严重缺乏，专业教师不足，进而导致大量的残疾儿童错过了矫正和补偿缺陷的最佳时期。而在特殊儿童技术教育方面，面向特殊儿童的职业技术培训机构比较少，与之类似的机构多属于短期培训的性质，不能使特殊儿童获得系统的职业技术教育，导致他们不能正常就业。因此，在大力发展特殊儿童义务教育的同时，还需要发展早期教育和职业技术教育，采取具体可行的措施解决办学经费、机构、师资和教材等方面的问题。

（五）坚持走多种形式办学的道路

在1988年的特殊教育工作会议上，国家提出了建立以特殊学校为骨干，普通学校附设特殊教育班和随班就读为主体的特殊教育格局的设想。这实际上提出了一个以多种形式办特殊教育的问题。近年来，很多地方按照这一设想，在建立特殊学校的同时，大量兴办特殊教育班和开展残疾儿童随班就读工作，使残疾儿童的入学率大大增加。但也有少数地区只重视学校的作用，热衷于建校盖房子，而忽视办班和随班就读工作，造成迟迟打不开特教工作局面的状况。我们应该看到，单纯依赖建校来普及残疾儿童义务教育，是不适合我国国情的。一方面，建设大量的特殊学校需要足够的人力、物力和财力，现在的经济情况不允许；另一方面，我国地域广大，多数残疾儿童居住在偏远的乡村地区，即使有了特殊学校，由于经济和交通等方面的原因，他们也难以到校上学。因此，必须坚持走多种形式办学的道路。根据我国的实际情况，特殊教育的办学形式可以包括寄宿制特殊学校、特殊日校、全日制特殊教育班级、部分时间制特殊教育班级、有咨询服务的正常班级、有巡回服务的正常班级、有辅导教室的正常班级等。

第三节　我国特殊教育的体系与模式

一、我国特殊教育的体系

从中国出现社会教育形式的特殊教育学校开始，已有100多年的历史，在这个过程中，由于中国的具体情况，主要发展的是初等教育的特殊学校。20世纪 80 年代以后，随着有关法令的颁布和特殊教育的发展，为残疾儿童进行教育服务的机构也有了很大变化。这种变化表现在：服务机构形式的多样和数量的增加；服务的层次增多；领导和管理的系统扩展。

现有的特殊教育服务机构公办的有 4 个系统：教育系统、民政系统、卫生系统、中国残疾人联合会系统；民办的有集体和个人办两种形式。

（一）残联系统的特殊教育机构

根据残联所承担的任务，与教育部门分工而建立起来的聋儿（主要是聋幼儿）康复机构，对聋儿进行听力和语言训练，进行学前教育，这类机构已遍及全国；残疾青年的职业培训中心，一般每一个省都有一所，多由残联负责建立或资助建立。

（二）民政系统的特殊教育机构

一方面，由于历史原因留在民政福利系统内的特殊教育机构；另一方面，根据新的社会福利要求而设立的机构。这里面包括社区康复和寄托机构，对各种类型（特别是重度、多种残疾）儿童进行教育和训练；儿童福利院，收养和教育训练残疾孤儿或家中有困难的残疾儿童，多为常年寄宿制；部分特殊学校（目前主要指少数聋校或盲聋学校）。

（三）卫生系统的特殊教育机构

卫生系统的特殊教育机构主要是在医疗系统内进行教育康复或训练的机构，或者是与特殊教育结合的矫治机构，如言语障碍矫正、肢体残疾康复等。服务的形式有多种，如门诊治疗训练、咨询、巡诊、家庭病房、住院疗养或医治等。

此外，越来越多的由社会组织和进步人士创办的民办特殊教育机构，逐渐形成了包括学前特殊儿童教育、基础教育以及特殊成人专业教育机构在内的特殊教育体系。

与发达国家比较起来，中国的特殊教育机构数量还不足，但中国已经初步有了适合自己国情的特殊教育体系。这可从三个方面加以说明，即从特殊教育的层次或阶段、从普通教育和特殊教育的关系以及从特殊教育各层次的联系来看。

中国的特殊教育体系与普通教育体系有相同点也有不同点，与俄国、美国的特殊教育体系有相同点也有不同点。这个体系不是外国某一体系在中国的实施，也不是传统中国特殊教育或中国普通教育体系的翻版。它是适合中国国情的有中国特色的正在发展、形成的体系。

（四）教育系统的特殊教育机构

特殊学校（盲、聋、智障学校等）附设的学前班，招收学龄前残疾儿童，为他们进入学校接受基础义务教育做各方面准备；普通幼儿园中的特殊班，就近接纳某一类残疾幼儿进行学前教育；为各类（主要指视觉、听觉和智力方面）残疾的儿童、少年设立的特殊学校，全国大部分特殊学校由各级教育部门领导，由专职人员负责，根据国家的计划和相关规定开展教育工作，完成基础教育的任务；各种中等普通和职业教育，包括中专、中技、职业高中等；高等教育机构（专门的特殊教育学院或普通高等院校中的残疾人的院系或专业；各种形式的成人教育，包括研究生层次的教育）。

二、我国特殊教育的模式

（一）特殊儿童早期教育模式

1. 家庭教育模式

家庭教育模式是指特殊儿童的家长接受特殊教育的基本训练，能够对特殊儿童进行教育的教育模式。实行这一模式的依据是家庭是家庭成员共同生活的场所和环境，家长是儿童的主要教育者，家庭、邻居和社会形成一个教育环境系统，家庭作为这个大的环境系统中最直接的参与者来执行教育的计划，效果是最明显的。有研究表明，儿童接受家长的教育，家庭的经济收入、家长的受教育水平和智力水平不会影响特殊儿童接受教育的效果，但是家长对特殊儿童的态度会影响特殊儿童接受教育的效果。

实行这一教育模式之前，学校要对特殊儿童的父母进行必要的基本训练，使他们掌握一些基本的特殊教育知识和训练技能。这种模式以家长教育儿童为主，专业人员可以定期到各个家庭中指导家长，如果条件允许的话，可以在一个社区内设立小型咨询中心，由各方面专家组成，中心还可以定期举行交流会议，以解决家长在教育过程中遇到的问题。

实行这一模式有很多优点。一是特殊儿童在家庭中学习，学习气氛比较宽松，能够使特殊儿童适应学习的环境，有利于积极行为的巩固；二是家长是儿童最好的老师，对特殊儿童有全面的了解，和特殊儿童之间关系密切，对自己的子女提出适当的期望值；三是教育不需要特殊的场地，而且全体家庭成员都有参与的机会；四是教育费用比较经济。

但是，这种教育模式也存在不足之处。一是家长虽受过一定培训，但毕竟不是专业的特殊教育人员，缺乏系统的特殊教育知识，影响教育的效果；二是特殊儿童长时间在家庭这个封闭的环境中生活，阻碍其发展社会适应能力；三是缺乏参照对象，儿童的进步幅度、发展速度不易被家长及时发现，不能适当地调整教育计划；四是家庭教育模式比较松散，不同家庭的儿童家长互不见面，不利于家长之间进行交流；五是不同家长持有不同的教育态度，会获得不同的教育效果。因此，家庭教育模式应和其他教育模式结合起来使用。

2. 医疗康复模式

医疗康复模式是一种将医疗养护和教育训练融为一体的特殊教育模式，多以儿童康复医院和养护班的形式存在。这种模式适合于比较严重的残疾儿童和病弱儿童。在儿童康复医院或儿童康复中心配有医生、护士、教师、心理学工作者和物理治疗师等，这些专业人员会对特殊儿童的生理和心理发展的实际状况进行分析，从而确定有针对性的训练计划。

医疗康复模式不仅适用于特殊儿童的学前教育，也适用于学龄期教育。那些需要特别的医疗护理又能接受适度学业指导的学龄儿童，尤其是患有各种慢性病如严重贫血、营养不良的病弱儿童，需采用这种特殊教育模式。

医疗康复教育模式也可以不同的形式出现。例如，有根据地理环境命名的儿童疗养院，如露天疗养院、林间疗养院、海滨疗养院、湖畔疗养院等，有附设在儿童医院的病床教学班，有附设在普通幼儿园、小学的养护班，还有专为不能坚持每天到校上课的儿童设置的函授教学班。家庭教育、训练中心、综合训练及医疗康复等特殊教育模式要根据实际情况，灵活运用。这四种特殊教育模式，既适用于特殊儿童的早期教育，也适用于特殊儿童的学龄期教育。

3. 训练中心模式

训练中心模式是一种当前广泛采用的特殊教育模式。训练中心通常是政府或民间组织投资建立，配备有固定的活动场所、专业的特殊教育人员和完善的特殊教育设备。实行这一模式的依据在于较多的强化教育能使特殊儿童得到更持久、更大的发展变化，有组织的教育计划更能提高儿童认知等方面的能力。在一些经济比较发达的国家，许多人口比较密集的社区都建有特殊教育活动中心或训练中心，或是在社区活动中心里开设特殊教育培训部，附近的家长可定期带孩子到中心接受有关的特殊教育训练。这种教育模式多适合于 5 ～ 7 岁的学龄前特殊儿童。

近几年来，在我国一些大中城市和某些县城都建立了聋儿语训中心、聋儿康复中心之类的训练中心。有的学校还附设这一类培训中心，承担了部分的特殊教育指导工作，也取得了明显的效果。

这种教育模式的优点有很多。一是中心集中了经过系统训练的特殊教育专业人员，这些人员在一种精心安排的环境中进行教学，教育效果更为理想；二是中心有比较齐全的特殊教育设备供儿童使用；三是在训练中心，特殊教育教师、心理学家、医务人员和社会工作者可以运用自己的专业知识来帮助家长解决特殊教育中的疑难问题，特殊儿童的家长也可以交流信息，讨论问题；四是与家庭教育模式相比，中心模式更有集体学习氛围，特殊儿童能够和更多的伙伴进行接触，能够促进特殊儿童的社会交往能力和社会适应能力的发展。但是，中心模式也存在缺点。一是费用高；二是中心的教学无论是地理距离还是心理距离，对家长来说都十分遥远，限制了家长直接参与教学活动和亲子关系的发展；三是建立中心需要经济投入，不适合贫困地区和居住分散、交通不便的地区。

4. 综合训练模式

综合训练模式是一种将家庭训练和社区训练结合起来的特殊教育模式。家庭式和中心式的模式各有不可取代的优点，为了充分利用这两种教育模式的长处，采用两种模式相结合的方法，可以解决单纯使用一种模式时所产生的问题。综合训练模式将有组织、有计划的强化教育和稳定的家庭教育环境结合起来，将集体学习气氛和亲情结合起来，这将更有利于儿童的发展。

这种模式采用的方法是，家长定期送特殊儿童到特殊教育训练中心接受特殊教育和训练，同时在家中对在特殊教育中心学习到的技能进行练习。不同年龄的特殊儿童到特殊教育训练中心的频率不同，一般是婴幼儿一周 1 次，2 ～ 3 岁一周 2 次，4 ～ 5 岁一周 3 次。在中心参加活动之后，家长利用家中的物品作为教学材料，并将从中心学到的技能灵活地运用到家庭教育中。

综合训练模式吸收了家庭教育模式和训练中心模式的优点，是一种采用得最多的特殊教育模式。它具有以下优点。

①特殊儿童的家长能够参与到特殊教育训练中心的干预过程中，了解其训练计划，以便在家为特殊儿童进行辅导。

②借助于综合训练模式，家长能够将对教育的感性认识和理性认识结合在一起。

③综合训练模式综合了课堂教学和家庭教育，家长和综合训练模式的专业人员相互配合，中心的教育计划和家长的教育经验保持一致，共同促进特殊儿童的发展。

但是，这种模式仍然存在缺点，即家长如果不配合特殊教育训练中心的工作，将达不到良好的效果。

（二）特殊儿童学校教育的模式

学龄期特殊儿童是指 7 ～ 18 岁的特殊儿童和青少年，他们是特殊教育的主要对象。目前许多国家都已把学龄期特殊儿童的教育列入了国民义务教育的范围，并以法律的形式确定下来。随着世界特殊教育的发展，学龄期特殊教育的模式也在发生变化。

1. 特殊教育班模式

特殊教育班模式是指在普通学校设立特殊教育班，对特殊儿童进行特殊教育。特殊教育班的人数一般是 10 ～ 15 个。特殊教育班的教师需要由接受过特殊教育训练的教师担任。特殊教育班的教育方式一般是使用个别教学的方式对学生进行个性化的教学。在这个特殊教育班里，教师必须根据儿童残疾的种类和程度进行适当的训练活动。特殊儿童除了在特殊教育班学习外，还需要和普通儿童共同参与活动，以促进其交往能力的发展。

这种教育模式经过国内外多年的实践，证明有许多优势，主要有如下几点。

①特殊儿童和普通儿童共同活动能够促进彼此之间的了解。

②教师可以根据特殊儿童的实际情况对其进行有针对性的教学。

③为特殊儿童提供适合其发展的环境，从而够获得良好的教学效果。

④能够促使儿童对人际关系形成正确的认识。

2. 特殊学校模式

特殊学校模式是特殊教育历史上存在时间比较长的教育模式，即为不同类型的特殊儿童，尤其是残疾较严重的儿童设立的专门特殊学校。专门的聋校、盲校、智障学校、盲聋学校等都是这种教育模式的体现。特殊学校有半日制、全日制、寄宿制等多种形式。在我国，特殊学校多采用全日制的寄宿制。

特殊学校一般都配有经过系统培训的特殊教育师资和比较齐全的教学设施，能够为问题比较严重的特殊儿童提供特殊教育。但这些特殊儿童长时间在特殊学校中生活和学习，不能适应外界社会，在学习结束离开学校后不能与普通人正常相处。因此，在一些经济发达的国家，在强调特殊教育与普通教育一体化的同时，控制了这类特殊学校的发展。

就我国特殊教育发展的现状而言，全国各种类型的特殊学校仍承担了我国特殊教育的主要任务。这些特殊学校由于基础较好、设备比较齐全是各地特殊教育的教学、科研和人员培训的中心。特殊学校的模式也是我国特殊教育中采用较广泛的一种模式。

3. 资源教室模式

资源教室模式是在回归主流运动中效果比较显著的一种教育模式，在普通班级学习的特殊儿童能够利用部分时间到资源教室接受特殊教育。哈里斯和斯库兹认为，这是资源教师为特殊儿童提供特殊教育和资源教师与普通教师共同为特殊儿童提供服务的平衡点。

资源教室模式通常是安置问题比较轻微的特殊儿童。资源教室模式最早在美国和加拿大广泛流行，近些年在很多国家得到推广。资源教室模式的主要特点是充分利用学校的各种资源，体现“回归主流”的教育思想。

运用资源教室模式，首先要建立 1 ～ 2 个资源教室。这种教室比一般的教室要大一些，根据教学需要分为多个教学角。教室中需要配备黑板、桌椅等教学的基本设施，还要配置专为特殊教育服务的语言教学机、盲用打字机、专用电子计算机及一系列测试与评定的量表和其他测试工具。资源教室需要由专门的负责人进行管理，为需要接受特殊教育的儿童安排课程表。

在资源教室模式中，教师需要承担教学方案的执行工作，同时连接特殊教育和普通教育，承担为特殊儿童进行辅导的工作，同时也要为普通班级和教师、家长提供咨询服务。资源教师的目标是矫治存在学业不良、有行为或社会适应问题的各类学生，使其能够在普通班级中进行学习。这就要求资源教师必须受过系统的特殊教育方面的培训，并在教育实践中承担多项职责。

现阶段在特殊教育较为发达的国家，资源教室模式得到了普遍应用。一些学校充分利用资源教室对特殊儿童进行评估和鉴定，向家长宣传特殊教育的基本知识和基础技能。

4. 一体化、全纳教育和随班就读模式

自 1960 年以来，特殊教育的主要思想是主张特殊儿童在障碍比较少的环境中接受教育，这种思想在全世界的影响非常广泛。最早期的回归主流所指的对象是轻度智力障碍儿童，后来逐渐发展到包括其他类别的轻度障碍儿童，也包括一些中度和重度的残疾儿童。

（1）一体化教育模式

一体化教育模式打破了传统的将特殊儿童安置在特殊学校或特殊班级中接受教育的形式，提倡特殊儿童和普通儿童共同在普通学校中接受教育，同时根据特殊儿童的实际问题开展有针对性的教育，为其制订教学计划，并保证特殊儿童能够和普通儿童共同生活和学习。

（2）全纳教育模式

1990年左右，在国际特殊教育领域出现了全纳教育或融合教育这种观点，全纳性学校也纷纷建立起来。1994年，世界特殊教育大会上通过的《萨拉曼卡宣言》中提到“以全纳性为导向的普通学校是建立全纳性社会和实现全民教育的最有效手段”。全纳性学校要能够满足所有儿童的发展需要，包括特殊儿童的发展需要。尽量保证所有儿童能够共同学习。因此，全纳性学校要能够提供所有儿童都适应的学习方式和学习环境，通过适宜的课程、学校组织、教学策略、社区合作，确保面向全体儿童的教育质量。

（3）随班就读模式

我国随班就读的特殊教育模式与西方的一体化和回归主流模式在形式上有共同之处，也是在普通教育机构中对特殊儿童实施教育的一种形式，让特殊儿童和年龄相同的普通儿童共同学习，教师要根据特殊儿童的需求对其进行特殊教育。但是，随班就读模式在出发点、指导思想、实施办法等方面具有鲜明的中国特色。

在我国的特殊教育中，随班就读是一种重要模式。1997年，原国家教委颁布了《关于开展残疾儿童少年随班就读工作的试行办法》，其中规定随班就读是特殊教育的主要办学形式，是开展特殊教育的有效途径。该法规还对随班就读的具体实施做出了严格的规定。例如，学校要使特殊儿童和普通儿童共同参加学习活动，以弥补其生理缺陷和心理缺陷；让特殊儿童接受能够满足自身发展需要的教育和训练，从而得到全面的发展；特殊儿童在接受教育时使用和普通学生一样的教材；学校可根据特殊儿童的实际情况调整教学内容。

除了上述几种特殊教育模式之外，还有特殊教育巡回服务中心，鉴别、诊断、评估中心，行为训练中心，咨询中心等特殊教育模式。这些教育模式的出发点是，采用不同的形式和方法，在最少限制的条件下，最大限度地满足特殊儿童的需要，使特殊儿童做到生活上自理、经济上独立，最大限度地发挥自己的潜能。

因为受回归主流思想的影响，为了体现特殊教育与普通教育一体化的思想，许多特殊教育比较发达的国家采用得最多、最广泛的特殊教育模式是在普通学校建立资源教室，其次便是在普通学校设置特殊教育班。这两种教育模式有助于特殊儿童与普通儿童之间的交往，增强特殊儿童的适应能力。

第四节　我国的特殊教育教学

一、特殊教育教学原则

教学原则是指在教学目标和教学规律的指导下制定的能够对教学工作进行指导的基本要求。教学原则的制定需要将客观要求作为依据，教学原则要对教学实践经验进行总结和概括。同时，它也是教学规律的反映，也受到教学目的制约。普通教学原则通常包括直观性原则、启发性原则、系统性原则、思想性和科学性相统一原则、理论联系实际原则等。特殊教育和普通教育有相同之处，也有自身的特点。在特殊教育中除要遵循普通教育原则外，还要遵循以下几条重要的教学原则，它们在特殊教育教学中具有特殊的意义。

（一）适调性原则

适调性原则是指为满足特殊儿童的学习需求，要调整教学中的各项要素，保证学生能够顺利完成学习任务。适调性原则主要要求对以下四个要素进行调节。一是调节学习目标，根据学生的实际水平和接受能力，确定相应的目标要求；二是学习材料的类型，即随时给学生提供替代材料或补充材料，譬如提供可触摸盲文、触摸凸起图或录音磁带来代替印刷信息，或用图标或实物来替代文字理解概念等；三是调节学习的时间，即要制定因人而异的学习时间表，如允许一些学生做费时较少的作业，或给出较充裕的时间，或进行动静交替的短时学习活动，以解决注意力不够集中的问题；四是调节学习的强度，即对学习内容的难度和分量做出必要的调整，如将作业分解为几个相对费时较短的学习任务，来弱化散学习的强度，或突出课本中包含关键概念的段落，或布置分量较少的作业等。

（二）差异性原则

差异性原则是指在教学中，教师根据特殊儿童的个别差异的显著特征，确定教学要求、教学内容、教学进度和教学方法，以满足每个儿童的独特的教学需要。这对障碍儿童的教学具有特殊的意义。因为障碍不同，教学中的特殊需要也有所不同，即使同一类别的障碍儿童，障碍的性质、时间、程度等不同，也存在着不同的教学需要。因此，差异性教学原则要求教师必须了解儿童的个别差异以及由此引发的特殊教学需要，尽可能采取个别化的教学策略与方法，以达到个别化的教学目标。

（三）补偿性原则

补偿性原则是指在教学中充分发挥缺陷补偿的作用，把传授知识与缺陷补偿紧密地结合起来。缺陷得不到补偿，障碍学生就无法获得知识，教学也就无法顺利进行。因此，贯彻补偿性原则，要求教师在传授文化知识的过程中，既要重视生理补偿，又要注重心理补偿；既要重视学生文化知识的学习，也要重视各种适应性技能的训练，使学生在掌握知识的过程中，各种感觉器官的功能以及适应能力因不断地训练而获得相应的提高，实现缺陷补偿与潜能开发的统一发展。

特殊教育的教学原则和普通教育的教学原则共同组成了相互联系的整体，在特殊教育中需要切实坚持这些原则，从而提高教学质量，保证教学目标的顺利实现。

二、特殊教育教学任务

特殊教育教学任务的实质是教学目的的具体化，是特殊教育活动要获得的最终效果，同时要在课程和教学内容中有所体现。特殊教育的教育目的、学生的生理特征和心理特征、学科的性质、教学条件等因素都会对特殊教育的教学任务造成影响。不同种类和不同阶段的特殊教育的教学目标和教学要求不同，特殊教育的教学任务有以下特点。

（一）强调社会适应能力的培养

特殊教育在培养特殊儿童的基础知识和基本技能时还会培养特殊儿童的社会适应能力。知识是人类对客观事物的现象和规律的认识，是社会实践的经验概括和总结，又是人类武装自己、认识世界、改造世界、增强自身能力的武器。特殊教育主要是针对特殊儿童的义务教育阶段的教育，有基础性的特点。因此，特殊儿童在接受特殊教育中主要是学习基础性的科学文化知识和基本技能，主要包括自然科学、社会科学、哲学以及语言文字等。但由于生理方面的制约，很多特殊儿童在社会适应能力方面存在障碍。因此，特殊教育要在培养特殊儿童的基础知识和基本技能时培养他们的社会适应能力。

社会适应能力是指人对社会环境和自然环境的适应能力，包括生活、学习、劳动、人际交往能力。社会适应能力的培养主要包括生活自理、功能性学科、沟通交往和职业劳动四个方面。不同类型的特殊儿童和问题严重程度不同的特殊儿童对社会适应能力的需求也不一样，对于智力损伤或问题严重的特殊儿童几乎需要所有领域的适应能力。

（二）生命意识的培养

特殊教育在注重培养特殊儿童的基础知识、思想品德和审美情趣时，还要注重培养学生的生命意识。

教学活动具有教育性，不仅要培养儿童的基本认知能力，还要培养儿童的品德和情感。特殊教育是一种社会主义精神文明教育，要注重对儿童进行生命意识教育。

生命意识教育主要是教导儿童珍爱生命、尊重生命，是一种培养儿童的生存技能，提高儿童的生命质量的教育活动。生命意识教育的本质是尊重生命和生命的价值。在特殊儿童的生命意识教育中，要使特殊儿童形成对生命价值的正确认识、对自身问题的正确认识，培养其顽强拼搏的精神。

因此，特殊教育中的生命意识培养对特殊儿童有重要意义，通过生命意识教育，能够让特殊儿童了解到生命的价值和生命的意义，从而珍惜和敬畏生命，发扬自强不息的拼搏精神，实现自我的生命价值。

（三）开发潜在能力

在发展学生的智力、创造力等各种能力时，还要注重开发学生的潜能。掌握文化知识与发展智力、体力和能力是教学活动中相辅相成的任务。智力是人的认识能力，一般包括观察力、注意力、记忆力、思维力、想象力和创造力；体力是指人在活动时需要的力量；能力则是指使用知识进行智力活动的能力，即分析问题、解决问题的能力，包括一般能力和特殊能力；潜能是指潜在性的没有表现出来的能力。

智力的发展对人的潜力的发展和能力的实现有决定作用，体力的发展则对智力的发展和能力的实现起到支撑作用。特殊儿童由于生理方面存在障碍，智力和体力方面的发展会受到影响。比如，视觉障碍会影响学生的观察能力和身体的运动能力，语言障碍会影响学生的抽象概括能力，这些都会阻碍或限制学生智力的发展，但这并不意味着限制、阻碍了智力结构中所有因素的发展。根据多元智力理论，即使是障碍儿童，在其智力结构中也有其强项——优势智力，但这种优势是潜在性的，不容易被人们发现。因此，在特殊教育中，发展特殊儿童的智力主要是采用缺陷补偿与优势潜能开发的手段，这也是培养创造能力的方式。

三、特殊教育教学方法

教学方法是指在教学过程中教师和学生为实现教学目的、完成教学任务而采取的相互作用的活动方式、步骤、手段和技术的总称。教学活动中采用的教学方法包括教师的教法和学生的学法。教师的教法要在学生的学法中体现出来，而学生的学法在本质上是在教师的指导下的学习方法。虽然学生会采用自学的方式进行学习，但这种自学是一种受教师影响的学习活动，所以教学方法是教法与学法的辩证统一。在教学活动中使用教学方法的目的是提高学生的学习效率。目前，教育理论界一般将教学方法分为以下五类：以语言传授为主的方法、以直观感知为主的方法、以实际训练为主的方法、以引导探究为主的方法、以情感陶冶为主的方法。这五类教学方法，都是常规的教学方法，在特殊教育教学中有着广泛的运用。掌握并运用教学方法是合格的教师的基本能力。

在特殊教育教学中，由于教学对象的特殊性，教学方法也同样有它的特点，或是一些常规的教学方法在特殊教学中运用较多，或是更强调某些方法的功能，或是在特殊教育教学中具有独特的影响，常用的方法有如下几种。

（一）多维感知法

多维感知法又称感官并用法，它是强调在教学时调动各种感觉器官功能，使障碍学生从不同的角度、不同的侧面来感知事物、接收信息，从而加深对事物的理解，提高教学效果的方法。任何事物都有多重属性，从不同的方面反映事物的本质或内涵。人的各种器官也各有其独特的功能，能从不同的方面感受这些属性而达到认识的目的。比如，视障学生可以充分发展听、触、嗅、味等感官的功能，达到感知目的。如果教一个盲童理解杧果的概念，那么教师不仅要告知学生杧果的颜色，还应让学生触摸杧果的形状，闻嗅杧果的气味，有条件的情况下最好买来实物，让学生亲自品尝一下杧果的滋味。这样，盲童才能通过多感官的感知来认识杧果的特性，获得比较完整的认识。

（二）任务分析法

许多障碍学生学习新的技能不会一蹴而就，因而必须把学习任务分解成几个小的步骤。这种方法也就是所谓的任务分析法。任务分析法也被称为工作分析法，任务分析法是分析评定复杂的学习行为的方法，其宗旨是使学生逐步有效地掌握该行为和技能。任务分析法的步骤：先将目标教学任务分为比较小的单元，然后分析、评定学生掌握行为或技能的难点，根据这些难点制定教学方法，使学生完成每个单元的任务。例如，如果一个学生要学习刷牙，首先要让他习惯把牙刷放在嘴里，然后才可以实施后续的步骤，即找取牙膏、拧下牙膏管的帽盖、把牙膏挤在牙刷上，等等。在教学新的或复杂的技能时，为确保给予学生成功的机会，教师可以把所有分解的步骤具体地写下来，这样便于实施。

（三）游戏表演法

游戏表演法是指在教学活动中使用游戏的方法对学生进行教育，这是一种提高教学愉悦性的教学方法。多种多样的游戏能够充分调动学生的积极性，刺激学生的主动性，帮助学生理解和记忆知识。在教学中教师应根据教学目的和教学内容的需要，创造性地设计一些游戏，达到寓教于乐的目的。教学时运用游戏不是教学目的，而是教学手段，游戏要兼顾教学的内容和学生的兴趣。游戏表演特别适用于注意品质差的智障儿童教学，其中唱游课的教学是较为典型的一种。

（四）模仿法

模仿法是指在教学活动中使学生对教师的语言或行为进行模仿，纠正学生的错误行为，使学生的行为更加协调，这种方法有利于学生的智力发展。模仿法常用在智障儿童教学中。由于智力存在障碍的特殊儿童的理解能力比较差，希望他们像正常儿童那样在理解的基础上掌握知识并发展能力。智障儿童的认识主要靠模仿和记忆。模仿适用于动作技能教学的学科，如体育课、体操课、舞蹈课、手工课等。通过模仿教师的动作，可以使学生的大脑机能得到改善。

四、特殊教育教学组织形式

（一）小班教学

小班教学顾名思义是指规模小的班级授课制。班级授课制是按照一定的数量将学生根据年级、学业程度等因素组成班级，教师面对班级全体学生，根据教学计划规定的课堂内容、教学时数和教学进度进行教学的组织形式。小班教学的主要特点是教师能够在固定时间中对同一个班的学生进行教学，在很大程度上能够提高教学效率。但这种方法也有缺点，即不能为学生提供有针对性的教学。小班授课制是目前我国特殊教育学校最基本的教学组织形式。鉴于特殊儿童的生理障碍和特殊需求，教师需要把控教学难度和教学任务，班级学生通常少于 12 人。因此，人数少、班额小、年级单一是我国大多数特殊教育学校小班授课的特点。由于特殊学校或特殊班中学生的个别差异复杂多样，并显现出障碍程度的不同，因此班级授课制的缺点也就更加明显。这就要求特殊教育学校在教学过程中更加注重贯彻个别化的因材施教原则，处理好统一要求和个别差异的关系，同时注意班级授课制与其他教学形式的结合。

（二）小组教学

这里的小组教学不是指班级课堂内的分组教学，而是把具有相同或相近学习水平的学生以 4 ～ 5 人编成不同的小组进行教学的形式。一些特殊教育学校实施无班级授课制，即不根据学生的年级或班级将学生安置到固定的教室中接受教育，而对大部分学科课程实施小组分层，学校根据学生的实际情况和每名学生的特殊需求为学生制定有针对性的教学目标，每名学生都能够根据自己独特的教学安排自行找教师学习。每名教师通常负责一个小组的教学，小组学生一般在 5 名左右且相对固定。这种无班级授课的小组教学已成为欧美等发达国家特殊教育学校主要的教学组织形式。

（三）分类教学

分类教学主要指特殊教育学校按学生障碍的类别或障碍程度的差异实施的教学组织形式。目前，我国许多特殊教育学校已逐步综合化，由招收单一障碍类别的学生转向招收兼有多重类别障碍的学生。因此，为了更好地实施个别化教学，一般在同一学校采取听障班、视障班、智障班或多重障碍班等分类编班形式实施分类教学。

还有一种分类教学是按障碍程度将学生进行区分对待、实行针对性教学的一种组织形式，如分为全盲和低视、聋与重听、轻度智障与中度智障等。按障碍程度分类教学的意义在于，重视障碍程度的差异，让不同程度的学生获得相应的发展，满足其特殊的教育需要。

（四）走班教学

走班教学是指在不改变以班级为主体的教学形式下，对个别有特殊教育需要的学生实施跨年级进入其他班级学习，以更好地适应差异，充分培养学生潜能的一种教学组织形式。走班教学是我国部分特殊教育学校借鉴普校的经验，旨在进行个别化教学的改革尝试，这种教学组织形式并不普遍。走班教学有以下几种类型。

1. 学科走班

学生对一个学科的知识的掌握情况和同班同学的掌握情况差距非常大，同班的教学不能满足这名学生的需求，实行走班。如一名三年级学生英语能力非常强，这名学生就进入四年级班级的英语课堂学习英语。一名四年级学生大部分学科达到五年级水平，但一些学科还没有达到四年级的水平，那么这名学生进入五年级班级学习，个别学科去四年级班级学习。

2. 兴趣走班

兴趣走班是与某种兴趣相联系实施的走班教学。如一名学生的数学学科已经达到本年级教学要求，这名学生拥有自主选择权，可以根据自己的学习兴趣，在同班学生学习数学时走进其他班级学习自己感兴趣的知识。

3. 导师走班

导师走班是与某个辅导教师相联系的一种教学。如一名学生特别擅长语文学科的学习，这名学生可以根据自己的意愿选择一名语文教师作为导师。在平时的学习中，学生可以根据导师的上课安排跟随导师学习。

4. 特需走班

特需走班是与某种特殊教学需要相联系的一种教学。如在盲童和视力障碍儿童的混合班的教学中，视力障碍的学生需要进行视功能训练，但其所在的班级没有安排这一课程，这名学生就可以到其他班级学习。

（五）合作教学

在课堂上有时仅靠一名教师来照顾不同的学生，满足他们的特殊学习需要是有困难的，这时往往需要两名或两名以上的教师进行配合才能完成教学任务，这种方式就是合作教学。合作教学，在国外又称协作教学，即课堂上由两名以上教师共同合作上课，或分担教学，或主辅结合，或侧重帮助有特殊需要学生学习的教学形式。

（六）个别教学

个别教学就是教师对单个学生进行一对一教学的组织形式，即教师根据个别教育计划对单个学生实施的单独的教学。个别教学的优点是可以根据学生的实际需要进行有针对性的教学，对于适应学生的个别差异有着重要的意义。个别教学在技能性、康复性训练的课程教学中占有重要的地位。由于我国特殊学校教学资源有限，目前个别教学的形式还不普遍，大多是以补救性的个别辅导措施进行的。这种补救性的个别辅导主要是针对班级某些个别差异特别突出的学生而组织的，目的是获得良好的教学效果、对学生加强辅导。这种教学组织形式是集体教学不能兼顾学生的差异时，为满足学生的特殊需求而使用的教学组织形式。

五、特殊教育教学特点

教学是教师教与学生学的双边活动，是双方共同作用的过程，是教与学的统一。特殊教育教学是指有特殊需要的学生在教师的指导下，最大限度地获得身心补偿，掌握所学的知识和技能，发展能力并形成情感、态度和价值观的活动。需要特别指出的是，由于教学对象的特殊性，不要狭隘地把特殊教育教学理解为课堂学科知识的教学。在特殊教育教学中，还要培养特殊儿童的社会适应能力、普通生活技能并进行康复性训练，如听觉与言语训练、沟通训练、感知技能训练、视功能训练、生活指导等。这些内容是教学活动的重要组成部分。特殊教育具有教学活动的普遍性、客观性和规律性的特点。但特殊教育由于其教育对象和教学任务的特殊性使其具有了自身的特点，主要表现在以下几方面。

（一）教学的个别化

特殊教育教学是集体教学与个别教学相结合、特别注重教学个别化的活动。特殊教育是根据教学对象的特点而进行的，完整的教学活动则应当是通过个别化的教学设计展开的。因此，个别化的特点是特殊教育的主要特点。

普通教育也提倡个别化，但普通教育的教育对象的差别不大，班级人数比较少，不会达到高程度的个别化。特殊教育教学中的个别化要在教学目标、教学内容、教学方法，乃至教学材料、学具的选择等方面考虑到每一名教学对象的特点，分析其认知能力的特点和独特的学习需求，从而适应其学习方式。特殊教育这种教学活动的个别化程度非常高。

特殊教育教学的个别化特征在对学生做出评价后做出个别化调整的方向。总的来说，教育对象的个别化差异是特殊教育的前提，关注和满足教育对象的特殊需求存在于特殊教育的全过程。

（二）教学的精细化

特殊教育教学的精细化程度非常高，要满足不同教育对象的发展需求。特殊儿童在生理和心理方面存在障碍，其感知能力的发展受到抑制，在学习时的认知速度、广度和深度受到影响。因此，在特殊教育教学活动中，教学活动的设计及其开展要体现出精细化的特征。

首先，精细化的特点表现在教师要在教学活动中呈现出细节，完整清晰地表达每一个教学的细节，将教学内容清晰、准确地传递给学生，使学生形成明晰的认知理解线索，在教学中注意学生的表现，降低学生的认知障碍对学生学习的影响，从而获得良好的教学效果。

其次，精细化的特点在教学活动的结构化方面也有表现。这一特点在发展性障碍学生的教学活动中特别显著，尤其是针对自闭症儿童开展的教学活动。结构化教学是指教师要将学生学习的特点作为依据，对学生学习的时间、环境、材料及用具进行系统安排的教学活动，其精细化程度要求非常高。

最后，学习活动中反复性和持续性的练习也是精细化特点的一个表现。特殊儿童在学习知识和技能时都需要进行大量的重复性练习，只有经过大量的重复性练习才能使其掌握这些内容。精细化的教学对教师的细心和耐心程度以及信心和智慧都有要求。

第三章　特殊教育教师概述

我国目前对特殊教育教师的研究仍处于初步发展阶段，因此研究所涉及的范围和深度等十分有限。今后应当加强对特殊教育教师理论层面的探讨和深入的实证研究，且在此基础上还应当不断丰富其研究的主题。本章主要包括特殊教育教师的职业角色与要求、特殊教育教师的作用、我国特殊教育教师概况、我国特殊教育教师培养的要求、我国特殊教育教师专业化发展要求五个部分，主要包括康复治疗师、专业素质结构特点、保障和实现特殊儿童受教育权、实行特殊教育教师资格证书制度等。

第一节　特殊教育教师的职业角色与要求

一、认识特殊教育教师

（一）特殊教育教师的概念

在教育机构中，为有特殊需要学生提供相关教育教学的人员是特殊教育教师。从某个层面来讲，可以把特殊教育教师分为两类，即广义和狭义。

与狭义上的特殊教育教师相比，广义上的特殊教育教师概念更为宽泛，且在队伍结构上也更趋于多元化和复杂化，如在特殊教育机构负责帮助有特殊需要学生进行康复训练的从业人员，以及在特殊教育机构负责社会咨询等专业人员都属于广义的特殊教育教师。再如，直接从事特殊教育的一线教师以及负责培养从事特殊教育事业的教师等，前者则指在特殊教育学校或机构专门对有特殊需求学生进行相关教育教学的从业人员。

（二）特殊教育教师的构成

特殊教育师资队伍的复杂性以及多元化特点与普通教育有所差别，这主要归因于相关文化课专业教师以及负责特殊儿童身心障碍矫正及康复训练的相关技术人员都是它迫切需要的师资。在校内教师的教授下，还需要校外人员的积极参与配合。

1. 职业技术课教师

我国目前的特殊教育重点是职业技术教育，因为它关系到有特殊需求学生未来能否平等地参与到社会生活中。基于特殊教育学校的初中、高中而言，其往往会开设一些木工、美发、按摩、机械、服务设计等相关职业技术的课程，而担任这些相关科目教育教学的教师，就是职业技术课教师。

与普通教师相比，特殊教育教师的任务更加繁重，其应当具备全方位、多层次的能力，且要在了解传授技能、了解市场、产销对路方面有颇为深入的了解，从而带领学生学好、学精实用技术，使有特殊需要的学生能够很好地立足于社会，并适应社会需求。

2. 资源教师

大部分人对资源教师都不太了解，简言之，其实际上是在普通学校或特殊学校的资源教室，专门从事与特殊教育相关的教师。例如，实施补救教学、设计辅导计划、提供咨询服务以及进行诊断评估等，都属于其职责范畴。

3. 巡回指导教师

上述的资源教师在某种情况下也可以兼任巡回指导教师。该类指导教师通常会针对两个及两个以上的家庭或学校有特殊需要的学生予以相关训练或相关专业教学指导、辅导等。除此之外，适时予以普通班级教师协助的专职教师也属于巡回指导教师。

4. 生活指导教师

该类型教师大部分人应当比较了解，其主要是负责有特殊需要学生的生活方面的教师，如对有特殊需要学生予以生活技能方面的指导和帮助。除此之外，担任家政课的相关工作人员也属于生活指导教师。

5. 康复治疗师

康复治疗师的任务相对重大，从广义上来讲，凡是从事康复医学服务的相关专业人员，都属于康复治疗师。但其主要针对的是有特殊需要的学生，简言之，这里所指的康复治疗师主要是对有特殊需要的学生进行康复治疗的工作人员，如职业治疗师、心理治疗师、语言、听觉治疗师、物理治疗师、园艺治疗师等。

但不尽如人意的是，基于多种因素的影响，这类专职人员在我国目前的特殊教育教学中十分匮乏，但我国现有特殊教育学校又迫切需要这类人员的参与和帮助，以及多方的合作与共同的努力。需要强调的一点是，我国目前特殊教育专业人员的任务颇为繁杂，有时甚至需要“身兼数职”，而并非单一的，且主要的教育、教学人员所占比例最大。可见，康复治疗师这一职务具有交叉特点。

（三）特殊教育教师的角色

特殊教育教师不仅要扮演好普通教师的角色，还要扮演学生的诊断者、学生智力超群的开发者、学生差异教学的设计者、学生学习指导的合作者等诸多角色。由此可见，特殊教育教师的角色趋于多元化，而非单一的，这主要归因于特殊教育所针对的对象具有特殊性。

1. 特殊需要的诊断者

如何了解有特殊需要学生的学习需要、采取相关措施、制订合理教育计划并最终满足特殊教育需要的前提是“诊断”。也就是说，想要顺利开展特殊需要教学，教师就需要遵循以下几个步骤。

其一，为了更好地了解特殊需要的原因、程度等，应当先对有特殊需要的学生进行专业的生理、心理、教育诊断。

其二，在得到相关诊断之后，做出阶段性评估结论。

其三，根据阶段性评估结论有针对性地对有特殊需要的学生实施具体教育教学。例如，哪些教育需要是学生应当具备的？教育的最终目标是什么？教育内容应当如何安排？教学过程中的各种活动应当如何组织实施？

综上所述，作为特殊需要学生的诊断者角色，需要具备综合的知识、能力素养。简言之，学科专业知识、教育教学方法、教育教学技能以及相关专业医学、康复学、心理测量评估等知识都是其所需要具备的。

2. 优势智力的开发者

在智力方面，通过多元智力理论不难得知，每个学生都有强项和弱项，其中，智力强项是个体潜能开发的重要依据。这对于有特殊教育需要的学生亦是如此。因此，特殊教育教师在懂得如何补偿学生缺失的知识技能的同时，还要善于挖掘学生的智力强项。在多元智力理论之中，是不存在“残疾”概念的，有的只是智力结构的差异。而从某种意义上来讲，教育实际就是发现并显露学生需求的一种行动。

因此，特殊教育对学生潜能的开发是极其必要的，不仅如此，还要在此基础上激发学生的创造意识和创造能力。但问题是，如何才能在真正意义上做好这一点？这就需要相关教育者根据每个学生的实际情况，来发展学生的智力强项。简言之，这项内容的完成，需要相关教师在教学过程中成为有特殊教育需要学生智力强项的发现者和开发者。

3. 个别化教学的设计者

特殊教育存在的基础在于个体差异的显著性特征。特殊教育教师应当成为个别差异教学的设计者和实施者，从而关注个别差异、探究个别差异、尊重个别差异。由于有特殊需要的学生受个别差异因素的影响，因此特殊教育需要趋于复杂化和多样化。众所周知，差异的不同也就意味着教育需要的不同，这就需要实施个别化的差异教学。

然而，个别化教学设计的实施是实现个别化教学的重要前提。在原有基础上，使每个学生都能得到最大发展是其最终目的。那么，何为个别化教学设计？即探讨发现适合学生特点的教学内容、教学过程、教学形式以及教学结果。

4. 指导学习的合作者

对于教师而言，合作是一种工作方式的根本改变。在普通学校的教学中，教师都有属于自己的学科专业，独立完成教学工作是学科专业的基本任务。特殊教育学校的教师应当具备较强的合作意识，与其他同事以及合作伙伴建立长久的合作关系。

为了使每一个学生的特殊教育需要都能得到满足，特殊教育教学就不该局限于过于单一且机械的教学系统之中，学习资源和空间方便应当尽可能予以最大限度的满足，因此教师应当与更多人一起工作，分享资源，在更长时间以及更大的一个空间，以一种相对平等的方式共同协作发展。

二、特殊教育教师的职业要求

（一）专业道德

对于教师而言，专业道德是其必须遵循的最为基本的道德准则以及道德要求。与普通学生不同的是，有特殊需要的学生需要教师给予更多的关爱，这也是教师从事特殊教育的最为基本的道德前提之一。

诸如鄙薄特殊教育的观念不应当出现在特殊教育教师思想之中，而更多具备的应当是热爱和献身于特殊教育事业的思想和精神。要达到如此境界，就需要特殊教育教师既具备基本德行，又具备以人道主义为基石的尊重生命差异、尊重生命权利的职业使命感。

（二）专业理念

非专业人员与专业人员最显著的区别在于是否具有专业理念。专业理念包括教学观、评价观以及学生观等，主要指教师在从事教育教学工作的基础上，通过对教育较深层次的思考，从而逐渐形成的一种关于教育的基本信念和观念。

特殊教育教师面对的是具有显著个体差异的生命个体，教育对象生命的独特性要求教师超越一般的、传统的教育思想，从生命发展与解放的高度去理解特殊教育、践行特殊教育。这就要求教师对特殊需要学生抱有积极的教育期望、进行无歧视的教育评估、采取适应性的个别化教育理念来实现有特殊需要学生生命的个体价值和社会价值。

（三）专业知识

特殊教育教师的专业知识素养是指教师在教育教学、康复训练过程中所具备的所有文化知识结构。作为特殊教育教师，首先应像普通教育教师一样，具有比较渊博且宽泛的人文知识、科学知识以及较为系统化的学科专业知识。当然，基本教育专业知识也是需要具备的，且在上述内容基础上，特殊教育教师还应当对特殊对象的特征以及各种基本需要的相关内容予以了解，并熟练掌握教学所需的特殊教育学科专业知识和技能，且在此基础上能够将这些知识和技能进行正确的运用，从而在根本上满足于特殊教学的需要。

（四）专业技能

专业技能是特殊教育教师从事专业实践的技术、技巧的能力。身为一名教师，要有准确、规范、熟练的书写技能，包括毛笔字、钢笔字、粉笔字、简笔画、普通话（即俗称“三字、一画、又一话”）和课件制作，这同时也是对一般教师技能的基本要求。在此基础上，特殊教育教师有着更多的要求，主要是熟练地使用盲文或手语，以及最基本的感知技能、感觉统合训练技巧，还要具备教学辅具制作和教学辅助技术运用等技能。

（五）专业能力

专业能力关系到教师是否能够顺利开展教学活动。那么，专业能力都包括什么呢？运用现代化教育手段的能力、教育组织管理能力、开展教育科学研究的能力、交际沟通能力等，这些都属于专业能力。再具体一些就涉及判断、评估，差异教学设计以及个别教育计划的制订等能力。

要知道世界上没有两片完全相同的叶子，也没有两个完全相同的人，每一个学生都具有自己独特的个性以及兴趣、爱好、能力以及需求等。所以，无论是教育制度的设计，还是教育计划的制订，都应当有针对性地进行，且需要将学生之间各方面的差异因素一并考虑在内。

（六）身心素质

良好的心理素质主要指特殊教育教师在工作过程中保持的一种健康的心理品质和情绪状态。人是身心统一体，也就是说生理与心理之间总是相互影响的，而个体的身心状态又会影响周围的人。要增进学生的身心健康，教师自己首先必须拥有健康的身心。特殊教育教师在工作中将面临更大的身心考验。这主要归于以下两个原因。

其一，就目前我国特殊教育事业的发展水平而言，其还处于相对较低状态，社会各界对特殊教育的理解并不全面，且支持力度相对薄弱，甚至对特殊教育还存在着一定的歧视和成见。

其二，有特殊需要学生本身的身心障碍导致特殊教育的难度增大，也会给工作带来很多困扰。特别是劳动成果的滞后性，往往给人以事倍功半的感觉，更谈不上像普通教师那样，有着“教学相长”的喜悦以及对“桃李满天下”的兴奋期待。所以，特殊教育教师除了要有坚定的信念、坚强的毅力和良好的耐挫折能力外，还要具备不时地调整自己的心态、保持稳定的情绪、争取维持最好的心态完成工作任务的心理品质。

第二节　特殊教育教师的作用

一、特殊教育教师对社会发展所起的作用

（一）保障和实现特殊儿童受教育权

接受教育是我国每个公民都应享有的基本权利之一，基础教育和高等教育的普及程度，决定了国家文明发展和民族文化振兴的发展进程。随着人大、教育部以及地方政府、部委的立法不断完善，教育的发展提升了专业程度，扩大了涵盖范围。

特殊教育一直以来，都是我国教育政策中富有人道主义关怀和人人平等的重要体现。但是在初期的发展过程中，特殊教育的理论指导尚未形成体系，教

育设施、设备等，都不足以满足教学需求，更重要的是，特殊教育的师资力量十分欠缺。

在党的十八届五中全会上，首次提出了“办好特殊教育”的纲领性要求，标志着党和政府对特殊人群的政策性保障，以及对特殊教育的期望和要求。在特殊教育的事业中，党和人民政府提供了政策扶持和社会资源的支持，教育工作者则是这一事业的桥梁和纽带。

（二）传播人类的文明，促进社会进步

我国人口基数较大，相应的，特殊人群的数量也极其庞大。为保障特殊人群的基本生活，国家每年在社会福利方面都投入大量的资金和人力。但是，党和政府并没有止步于此，通过一系列政策，倡导全社会帮助特殊人群实现自身追求和社会价值，增强特殊人群的生活信心和社会生活参与积极性。

谈及中国奥运金牌史的首金运动员，人们大多会想到许海峰，可是如果将残奥会也纳入范围，那么这位奥运会首金运动员就是平亚丽。在1984年的洛杉矶残奥会上，患有先天性白内障的平亚丽，凭借自强不息的体育精神和多年的刻苦训练，在跳远项目上为中国取得了首枚世界冠军奖牌。从平亚丽的身上，我们看到了特殊人群的天赋和信念，他们不是社会的负担，他们同样怀抱梦想，渴望为国争光，为社会建设贡献自己的一分力量。

满足特殊人群的这一精神层次需求，需要有一种良好的学习、训练、成长的环境。教育工作者对特殊人群的信心鼓舞，可以使他们积极地投入学习、生活中去，并成为物质文明和精神文明建设的重要成员。

（三）为民解愁，有利于社会的稳定

特殊儿童的出现，对社会或对其家庭是一种巨大压力。而这种压力并非单一的教育上或是经济上的压力，同时还伴有精神上的压力。相关数据统计，我国目前有上千万种类型的特殊儿童，这至少涉及了几百万个家庭，这对其所有家庭成员的心理都有巨大影响。面对特殊儿童，父母要考虑抚养、教育、工作、生活等一系列问题，这些问题对家长来说都是难题。

例如，我国有人调查聋童父母的压力问题，发现所有聋童的父母都反映因孩子耳聋而备感压力。直接造成聋童父母压力的因素包括孩子的学习、孩子的身体、孩子的将来、孩子的社会地位、公众对孩子的态度等。调查还发现，每天身负压力的家长缺少了正常家庭那种为人父母的欢乐。

可见，特殊儿童的教育、康复问题不解决，将使数以百万计的家庭面临困境，成为波及面很大的社会问题。同时我们也可以了解到，特殊教育教师从事

的特殊教育工作是一件福在儿童、利在家庭、功在社会的大事，也是为民解愁，有利于家庭祥和、社会稳定的善事。

二、特殊教育教师对特殊儿童发展所起的作用

（一）特殊教育教师是特殊儿童生活道路的引导者

初入学校的年幼特殊儿童还是一群天真无邪不懂事的孩子，在学校的十几年间他们受教师的教导思想逐渐成熟，懂得应该做对社会有用的人的道理，并从教师的一言一行中学习怎样做人。

例如，每当他们有进步都会看到教师赞许的目光，有了过错，教师又会循循善诱地开导，出现困难，教师马上倾力相助。正是从教师的言传身教中特殊儿童懂得了什么是人间的真、善、美。特别是在培养特殊儿童树立自尊、自强、自信、自立的信念，走上正确的人生道路方面，特殊教育教师是特殊儿童的指路人。

（二）特殊教育教师是特殊儿童身心缺陷的康复者

曾有相关学者这样认为，对残疾医学无能为力之日，就是教育施展功夫之时。这句话是有道理的。目前的特殊教育可以说是全方位的，针对每一种类别每一种程度的特殊儿童的每一种缺陷都有特殊教育教师在研究总结教育及训练的策略和方法。接受过特殊教育的儿童可以获得不同程度的康复，其中一些人能够达到或基本达到与普通儿童相似的水平。

教育训练的康复效果是令人瞩目的，这一点已经没有人怀疑了。教育康复成为康复的主要途径之一。因此，特殊教育教师不仅扮演传道、授业、解惑的教师角色，同时是特殊儿童言语矫正、定向行走、职业治疗的训练者。

（三）特殊教育教师是特殊儿童知识和能力的培养者

特殊儿童比普通儿童更难获得知识，他们的能力也难有大的提升。在现代社会，缺乏知识和能力是无法充分融入社会生活的。科学家培根曾经说过，“知识就是力量”。对特殊儿童来说，知识是他们自立于社会的力量。恰恰这种关系特殊儿童前途的力量，主要是特殊教育教师给予和培育的。

如果说自尊、自强、自信、自立是特殊儿童生活航船的风帆的话，那么知识和能力就是驾驶航船的双桨，然而，特殊教育教师不但能够帮助特殊儿童将风帆高高升起，还能够帮助他们摇起双桨，使他们能够驾驶航船在社会生活的大海里破浪远行。

第三节　我国特殊学校教师教育概况

一、我国特殊学校教师教育历史回顾

（一）初期萌芽阶段

19世纪末特殊教育学校的诞生，标志着我国特殊师范教育进入了萌芽阶段。英国和美国的传教士，分别于1874年和1887年在我国北京、山东地区开办了特殊教育相关文学馆，标志我国特殊教育的产生。因最早的特殊学校大多由外国传教士所办，所以最初大多都是外国教师。再后来，外国传教士对中国教师进行了相关内容的培训，便出现了部分中国教师，但相对来讲数量实在太少。

由于系统教材与教学是中国改革开放之前特殊学校所缺乏的，因此很多方面不完善，除师范班提供少量师资外，多数特殊学校都是采用“师徒制”来培训新教师。可以说，我国在很长的一段时间内，都没有专门培养特殊教育师资的学校。这足以说明中国特殊教育师资的培养并没有受到当时社会和政府的重视。

（二）整顿创新阶段

整顿创新阶段被划分在1949—1976年间。可以说，特殊教育在新中国成立之后才被正式纳入整个国民教育体系之中。据相关史料记载，我国聋校、盲校的教师人数在1953年统计显示为444人，截止到1965年，我国聋校、盲校的教师人数增加至2613人，由此可见，短短的十几年间，我国聋校、盲校的教师人数就增长了5.9倍。尽管我国特殊教育的发展在“文革”期间受到了影响，但相关数据统计显示，特殊教育教师的数量并没有减少，反而呈持续增长趋势。到1976年，我国特殊教育教师数量已经达到了3745名。

处于萌芽阶段的我国特殊教育师资大量来源于普通师范学校以及普通学校的毕业生。由此可见，该阶段并没有专门培养特殊教师专业能力的机构，由此便不难想象，大部分教师都是在进入特殊学校之后，才跟随专业的特殊教师学习的相关专业知识与技能。

期间，1959年，部分地方教育部门以及我国教育部举办了短期聋、盲教育师资培训班，为期3～6个月。其中，听课、讨论、见习、实习等及几部分是该次培训学习的主要内容。这种短期集中式培训模式和分散式的“师傅带徒弟”模式是当时培训的主流模式。然而，从宏观上来看，上述两种培训模式都属于在职培训。它们只能起到缓解特殊教育师资不足的现状，并不能解决特殊教育师资不足的实质问题。

（三）全面发展阶段

全面发展阶段被划分在1976—1998年间，该时期从事特殊教育的教师人数，由改革开放初期的6000余人突增到40000余人。这一时期的特殊教育不仅仅在人数上取得了可喜突破，就在师资培养方面也有了质的飞跃。

① 1980年，在北京师范大学调入特殊教育专业人员，并在教育系成立了特殊教育研究室，而后还专门开设了特殊教育和心理课程。于6年后的9月，北京师范大学设立了特殊教育专业，在全国成功招收了15名特殊教育专业的本科生。

②在1988年、1990年、1993年，华东师范大学心理系、华中师范大学教育系、西南师范大学（现为西南大学）和陕西师范大学教育系相继设立了特殊教育专业，并成功招收了诸多特殊教育专业本科生。

③截至1998年，我国共建立中等特殊教育师范学校35所，其中包括7个高等特殊教育专业。这些中高等特殊教育师范院校兼顾了培养师范学生和在职特殊教育教师进修的双重任务。

由此可见，全国大多数地区，在该阶段已经逐渐形成了中等和高等两个层次的特殊师范教育体系，且特殊教育教师的培训也发生巨大转变，即短期非正式在职向长期正规职前培训进行转变。

（四）深化改革阶段

我们将该阶段划分为1998年至今。自1998年后，我国对特殊师范教育又进行了两项重大改革。

1. 培养体系调整

先是我国中共中央国务院于1999年提出了“调整师范学校的层次和布局”的相关决策，接着在2010年前后又分别指出，凡是具备相应条件的地区，应当积极主动力争使专任教师的学历提升至专科和本科两个层次，特别是针对小学和初中阶段教育的教师。基于此背景下，我国特殊师范教育也渐渐由以往的中等、大专、本科三个层次转向大专、本科两个层次，而那些之前为中等特殊教育的师范学校，也被升级为高等师范教育学校。

2. 师范生免费教育政策的实施

2007年，六所教育部直属院校率先招收免费师范生。北京师范大学已经在中西部地区招收了多届特殊教育专业的免费师范生，这对提升中西部地区基层特殊教育机构的师资专业化程度将产生深远的影响。

二、我国特殊学校教师教育的政策立法特点

其一，特殊教育立法数量少，层次不高。我国仅有一部有关残疾人的专项法规、一部残疾人行政法规，其余则是大量的行政规章和其他规范性文件，立法数量少，层次不高。

其二，特殊教师教育立法针对性较弱，可操作性差。实际上，早在1986年《中华人民共和国义务教育法》颁发之后，国家的法律、法规和文件中就已经对特殊教育师资培养问题多次做出规定。但遗憾的是，到目前为止，都没有一部关于特殊教育的法规，特殊教师教育的法规大多是在教育法律体系中的，在谈及教师教育问题时才对特殊教育教师的培养问题做出简单规定，但实际上针对性并不强，且表述较为模糊，可操作性差。

其三，缺乏特殊教育教师资格制度相关法律政策。尽管我国《残疾人教育条例》第四十二条对从事特殊教育教师的条件做出了规定，但没有对特殊教育教师资格制度的具体内容做出规定，在任职资格、资格准入、等级评定等方面也无明确规定。

第四节　我国特殊教育教师培养的要求

一、实行特殊教育教师资格证书制度

特殊教育教师资格证书制度还未全面实行，这是一个比较薄弱的环节。不过，在我国某些省市已经开始积极准备完善这一制度。建立和完善特殊教育教师证书制度是今后我国在特殊教育教师培训方面的新要求。

其一，一个教师要取得特殊教育教师资格证书，就必须学习从事特殊教育所需的课程，这本身就是提高特殊教育教师素质的有效途径之一。

其二，普通学校的教师，除了拥有普通教师资格证书以外，还可以在此基础上继续学习特殊教育课程，再取得一个特殊教育教师资格证书，那他就是拥有“双证书”的教师。对拥有“双证书”并从事普通教育和特殊教育的教师应该给予更高的待遇。我国基础教育缺少的就是这种有“双重身份”的教师。

二、培养高学历的特殊教育教师

我国特殊教育的迅速发展对特殊教育教师培训提出了高要求、高目标，具体体现在对特殊教育教师的学历要求更高了。为提高特殊教育教师的学历水平，全国各地一直在开办“专升本”的培训班，这是特殊教育教师职后教育培训的重要途径。目前。上海市的特殊教育教师培养体系已经分成了“职前培养”和“职后培养”，职前培养包括五年制大专、四年制本科、硕士和博士，职后三年制专升本、骨干教师高级研修课程、教育硕士。

第五节　我国特殊教育教师专业化发展要求

一、专业发展的内涵

教师专业化与教师专业发展是两个既有联系又有区别的概念。特殊教育教师专业发展是指特殊教育教师在教学生涯中，通过不断地学习和研究，累积经验、更新知识，持续提高专业水平的专业成长过程。

任何事物即如此，在不同的发展阶段，就会迎来不同的问题，特殊教育教师专业的发展也不例外，但不要畏惧，因为从某个层面上来讲，任何问题的解决，都能对该事物的发展起到一定的推动作用，同理，特殊教师的专业发展亦是如此。根据我国特殊教师专业发展现状以及结合相关实践成长经验，我国特殊教育教师的专业发展大致要经历以下五个阶段。

（一）专业起步阶段

专业起步阶段主要是教师职前教育阶段，这时的准教师才刚刚开始接触特殊教育，他们通过专业的学习，具备一定的特殊教育知识、技能，形成初步的特殊教育观念，但是专业上的自我发展意识还较淡薄。

（二）专业适应阶段

专业适应阶段主要是初任教师阶段。在这个阶段，作为特殊教育的新手处在适应期，他们特别关注专业发展结构中的最低要求——专业活动的“适应生存”。他们关心的问题一般是：今天我能顺利地完成教学任务吗？学生喜欢我教的课吗？校长和同事怎样看我？这一阶段适应期的长短、成效的大小，主要取决于个人努力的程度和学校的文化环境。

（三）专业稳定阶段

专业稳定阶段标志着他们已经能够胜任教师工作。在这个阶段，作为一名特殊教育教师，其专业工作能力逐渐得到提高。他们已基本能胜任特殊需要学生的教育教学和康复训练工作，因此，他们会由关注专业的生存更多地转到关注教育教学活动上来，以便更好地完成教育目标，获得职业阶梯的升迁和更高的外在评价。这一阶段周期相对比较长，是特殊教育教师专业发展的关键时期，也是他们逐步树立专业信心，形成教学特色的奠基时期。

（四）专业成熟阶段

专业成熟阶段教师已善于反思自己的教育实践。在这一阶段，教师不仅已积累了丰富的专业经验，而且已开始取得教育教学、康复训练的专业成果。丰富的专业经历和成功的喜悦使他们对自己的教育工作产生强烈的使命感，驱动着他们不断地重新思考和检讨已有的教育理念，反思自己的教育实践，以谋求更大程度的专业发展和外部的认可。

（五）专业卓越阶段

专业卓越阶段主要是形成教师教育风格和特色的阶段。这是特殊教育教师专业充分发展阶段，也是专业发展的最高境界。在这一阶段，教师已从专业成熟走向专业的自信，成为某一学科教学或某一类别障碍儿童教育方面的专家：既有丰富的教育实践成果，又有高水平的理论总结。他们已经走过关注目标和追求外部认可的阶段，不断尝试、重建自己的观念与信念，进而形成风格、追求特色、自我超越，努力追求实现自我。要达到专业发展的卓越阶段很难，达到的教师数量也较少。但“卓越”作为一种崇高的追求，应该成为每一位特殊教育教师的目标。这需要智慧、勇气、毅力，更需要一种专业发展的精神。

以上五个阶段的划分只是理论上的大致分期。在实践中，教师的专业发展是一个连续不断的过程，并无绝对的界限，而且教师的职业生涯也并非总是积极正向的成长过程，尤其由于特殊教育教师工作的艰巨性，其间也会停顿、有低潮、彷徨，甚至出现职业倦怠、不思进取、得过且过或跳槽改行等情况。这表明教师的专业成长是复杂的、动态的，是教师个体回应各种因素的互动过程。

依据教师成长的规律和特点，作为一名愿意从事特殊教育的未来工作者，要有足够的思想准备和专业成长意识，一方面要积极寻求外力予以帮助，另一方面要能够不断地促进自我反思，这样才能获得专业的成长与发展。

二、专业化素质结构发展要求

（一）学科与专业的高度综合

不包含通识性文化科学知识在内的，专门从事某一学科知识的教学便是这里所指的学科，如语文、英语等。能够胜任某一学科的教学任务是特殊教育教师的首要任务以及必要能力所在。

因此，不管是从某个层面来讲，还是从某种逻辑角度来看，都需要特殊教育教师能够完善且系统掌握不少于一门学科文化知识，并对其学科知识的来源以及学科发展史有较为深入的了解和探究，在此基础上把握学科前沿研究成果。以上这些内容都需要建立在特殊教育教师掌通识知识的基础上，因为只有如此才能使某门学科与专业的综合得以实现。

（二）普通教育与特殊教育的综合

教育中包含了特殊教育，这一点是毋庸置疑的。普通教育的基础理论知识从某个层面来讲，实际上是特殊教育理论知识的基础。所以相关学习人员应当在具备基本教育学科知识以及技能的同时，还要掌握一定的特殊教育知识和技能，将二者进行巧妙结合，因为就教育专业来说，它需要普通教育与特殊教育的高度综合。

（三）专业基础与专业方向的综合

这里所指的专业方向其本质上指的是某一类别障碍学生的教育方向。基于特殊教育近些年来的快速发展，以及特殊教育对象数量的急剧飙升，学校对特殊教育教师的实际要求又被提升到了一个更高的新层面。具体而言，单一化的特殊教育教师已经不能满足当代特殊教育事业的要求，相关教师至少具备特殊教育教学的能力以及康复训练能力。

事实上，由于教育对象存在的障碍有所不同，且教育对象的兴趣爱好、个性、心理等方面因素也有所不同，因此在进行相关教育时，应当选择适宜的方式，言外之意，教育的内容、形式以及方法等诸多方面，都应当根据特殊教育对象的实际情况而定。

因此，当代特殊教育教师要做到“一专多能，精一通几”，简言之，在熟练掌握各类特殊需要学生教育的共性知识基础上，兼备教育其他类别学生的基本能力，从而实现专业基础与专业方向的高度综合。

三、专业化的国际发展走向

（一）提高学历层次

就目前而言，发达国家如英国、挪威、丹麦、菲律宾、澳大利亚、德国等，普遍对特殊教育教师的学历提出来更高要求。如在美国，从事特殊教育的教师，他们的学历大都很高，其中以博士和硕士学位居多。美国特殊儿童委员会（简称 CEC）1995 年关于特殊教育教师任职资格的规定提出，特殊教育教师至少要获得学士学位。目前，美国高校特殊教育专业已基本不设本科专业，大多数是硕士、博士学历层次的专业设置。与发达国家相比，我国目前特殊教育教师的综合学历层次明显要偏低，这与特殊教育的实际需求相差甚远。因此，提高学历层次成为提升我国特殊教育教师专业化水平所面临的一个重要任务。

（二）制定专业标准

我们通常将特殊教育教师专业在特殊教育活动中达到的相对标准视为特殊教育教师专业标准。确切地说，专业标准实际上是规定特殊教育教师在专业结构要素中的各项实施准则和方法。特殊教育发达的国家对特殊教育教师的专业标准制定以及实施都颇为重视，其主要归因于确定特殊教育教师专业水平，以及提升特殊教育教师专业化水平的前提是制定特殊教育教师的专业标准。不仅如此，它还是培养和评价特殊教育教师质量的有力依据。在国际上，美国所制定的特殊教育教师任职资格标准影响巨大。

美国特殊儿童委员会制定了关于特殊教育教师资格的国际标准内容，该项内容中明确规定了成为特殊教育教师的各项基本要求以及想获得相关资格证书者应当掌握的知识与技能。

不得不说，高学历和全面的知识要求使美国有一支高质量的特殊教育师资队伍，为特殊教育的发展提供了有利的条件。尽管我国目前还没有相关的任职资格专业标准，但是借鉴国外成功的经验，制定一个具有中国特色特殊教育教师专业标准，是特殊教育发展亟待解决的课题之一。

（三）实施资格认证

1. 资格准入

特殊教育教师资格准入即经过考核只有达到规定的特殊教育教师专业标准，才有资格进入特殊教育机构工作。资格准入主要针对的是职前教师，是获得特殊教育从教资格的必备条件。

2. 资格分类

由于特殊教育对象的复杂性与多样性，仅仅具备最基本的共性专业知识和能力，不一定能胜任某一障碍类别教育对象的教学工作，因此有些国家规定，在获得基本的资格准入基础上，还必须通过相应的专业方向领域的资格认证，才能取得任教资格。例如，在美国，对特殊教育教师的任职资格就有一个相当严格的认证过程。一名准特殊教育教师除了要获得基本的普通教师任职资格和特殊教育教师任职资格外，如果教育的对象是智力障碍、学习障碍或言语障碍等具体类别的特殊儿童，那么他还要获得这些专门领域内的资格证书，而且这些证书还有5年有效期限的限制，5年后需符合一定的条件才能换新证书。这样，不但规范了特殊教育教师从业的资格程序，也保证了教师队伍的质量。资格分类还包括从事特殊教育行政管理的人员与教学人员的区别。

3. 资格等级

根据任职资格标准体系和教师的任职能力，从称职胜任的角度出发，对特殊教育教师的任职资格划分等级，从而规范促进特殊教育教师专业的成长。我国台湾地区以及日本、韩国等实行的是资格准入与资格等级结合式的特殊教育教师资格证制度。如日本将教师资格分为专攻证书、一级证书、二级证书、三级证书。

四、专业化发展的途径

教师的专业发展贯穿于教师职业生涯的全过程，包括职前的专业教育训练、入职辅导和在职的继续教育培训三个阶段。教师专业发展既来自专业培养制度的保障，也来自教师自身的努力。

促进教师专业自我发展的途径主要是学习、实践、反思。根据特殊教育教师的教学任务和特点，激发专业自觉是特殊教育教师专业自我发展的前提，坚持专业学习是特殊教育教师专业自我发展的基础，学会专业反思是特殊教育教师专业自我发展的关键，注重专业写作是特殊教育教师专业自我发展的重要体现。

（一）激发专业自觉

作为一名特殊教育教师，既然准备或已经从事了这份职业，就应当对自己所处的现状予以了解，当然也包括对该职业的专业特点有所理解，应该时时提醒自己，在促进教育对象发展的过程中，还应当不断完善自己，激发自己在专业发展方面的自觉性。如果一名特殊教育教师只是服从职业的要求，总是自发地试图教给特殊需要学生知识、技能，以改变学生、改变社会，却唯独没有想到改变自己，那就是典型的缺乏教师专业自觉的表现。

激发专业自觉性的关键在于要有职业生涯设计意识。生涯设计就是要对自己的一生负责任，要对自己的发展有一个基本的规划。对于特殊教育教师而言，这主要是指教师在什么时候或是哪一个阶段应该让自己有所提高、有所变化以及自我更新。对于从事特殊教育教师的人而言，看不到任何变化，一直重复，是一种极其可怕的状态，因为没有变化，从某个层面上来讲也就意味着没有希望。因此，特殊教育教师在自己的职业生涯中要学会自我控制，从而获得自我发展。

（二）坚持专业学习

学习是特殊教育教师专业发展的认识基础。作为教师，专业知识的学习，应当是主动的学习，通过各种形式的自觉学习，及时转变观念，更新知识，适应教育改革的发展。在当代，面向学习型社会，学习已经成为一种必需，而在各种专业中，特殊教育又是一个特别需要学习的专业。

坚持专业学习的最重要方式就是专业阅读。专业阅读既是专业成长的需要，也是教师专业知识结构不断充实、调整的必然要求。阅读什么？如何阅读？都取决于专业的角色特点和素质要求。特殊教育教师专业阅读一般具有两个特征。

其一，阅读的专业性，即阅读教育专业书籍，阅读教育经典，阅读教育报刊等，从中不断地汲取专业发展的营养，适应自己专业成长的需要。

其二，阅读的人文性，即读人文著作，读校园文学，走近特殊需要学生，不断丰富自己的人文底蕴。

总之，特殊教育教师应乐于专业阅读，养成一种专业阅读的习惯，应该使阅读像呼吸一样自然，从而让读书支撑自己的专业成长。除了专业阅读外，善于问、多请教，做中学、学中做，也是主要的专业学习方式。

在工作中，一方面应主动地向老教师和优秀教师学习，通过听课观摩、交流座谈、模仿学习，一定会获益匪浅；另一方面要根据特殊儿童教育训练所具有的典型的临床性特征，要理论联系实践，亲身体验、反复实践、不断总结，也一定会有螺旋式的进步。

（三）学会专业反思

一名教师一定要具备反思的意识、反思的习惯和反思的能力，一名教师有没有反思的意识、习惯和能力在很大程度上决定了专业发展的程度和专业发展的层次。所谓专业反思，主要指教师对教育教学活动进行思考和分析，以促进教育活动的改进和自我教育能力提高的活动。这种反思不是一般意义上的复习，而是对教学过程中各方面问题的反思、思考、探索和解决，具有研究性。因此专业反思就需要教师在实践中进行批判与重构，将一般理论转化为自己个人的实践理论。

一般来说，教师越能反思，在某种意义上说越是好教师。教师若反思意识较强，则会及时发现自己各方面的问题，并将其改正，从而不断完善自己。特殊教育教师反思的载体可以是教育现象，也可以是教育行为、教育内容或教育方法，即通过对各种教育活动的反思实践，来审视批判自己的特殊教育观、教学观、学生观等。以下是我们普遍运用的几种反思方法。

①内省式反思。该种类型的反省方式主要是对自己行为以及思想进行反思，如做一些成长自传、反思日记。

②交流式反思。该种类型的反省方式主要是在与他人交流的过程中进行的反思行为，如专家会诊、观察交流、学生反馈等都属于交流式反思。

③研究式反思。该种类型的反省方式主要是在教育教学研究过程中进行的反思。反思的具体做法有写教后记、观摩教学、案例追踪、记录关键事件、开展行动研究等。

（四）注重专业写作

这里的专业写作是指特殊教育教师把自己专业发展过程中的教育经验、教育思考和教育研究以书面的形式表达出来的活动。因此专业写作不仅意味着教师要锻炼自己的教育教学写作能力，而且要具有一定的表达成果的意识。从这个意义上说，教师专业写作是专业自觉、专业学习、专业反思等实践成果的集中体现，也是教师专业成长的重要标志。

如果说一位教师的专业阅读史就是他的专业精神的发育史，那么，他的专业写作史就是他的教育经验史。特殊教育教师应该善于从日常教育经验的碎片中提取有意义的东西并加以理解，形成自己的教育经验和思考并融入教育生活，成为特殊教育专业发展的一部分。特殊教育教师的专业写作应摒弃纯功利的写作取向，不是为应付检查而写作，也不是仅为发表而写作，而是为专业成长而写作。教师专业写作的主要类别有以下几种。

①写教育、教学手记，包括教育书信、笔记等。

②写教育、教学随笔，写教育、教学案例，选取自己教育情境中典型的事件或学生个案，记述、反思其呈现的复杂而疑难的教育问题，总结失败和成功的经验；写教育、教学论文，以科学研究的手段来研究、讨论问题，描述自己的教育教学科研成果。

③写教育、教学专著，通过专业发展的不断积淀，形成自己独有的教育风格和思想，把自己的实践经验理论化、系统化，并写成专业论。

第四章　我国特殊教育师资培养的师范制度与问题分析

从目前的实践来看，我国特殊师范教育在发展中还面临着一系列亟待解决的困惑与问题。然而，这些问题的出现并不是没有原因的，其主要归因于我国现有特殊师范教育制度的不完善。即便如此，我国目前特殊师范教育制度的研究也没有得到高度重视，且相对薄弱。在特殊师范教育的发展过程中，实际需求与现有制度发生了矛盾，因此，我们有必要对我国特殊师范教育制度进行深入研究。本章主要分为我国特殊教育教师师范制度概述、政策存在的问题、之前培养存在的问题、职后培训存在的问题、师范制度实践存在的问题五个部分，主要包括政策目标的僵化、在职培训制度的不完善、专业化程度不高等。

第一节　我国特殊教育教师师范制度概述

一、制度化含义

我们现在所谈论的“制度化”，实际上是新制度主义理论中的核心词汇。在我们日常生活中，就使用性能方面来看，可以将“制度化”这一概念分为两层含义予以了解。

其一，如果将制度化作为动词来看，那么，它便可以用来描述一种制度从开始到结束的完整建立过程。罗纳德·L. 杰普森是意大利著名的社会学家，他曾这样认为，何为制度？其象征着一种社会模式或是一种社会秩序，而这种模式或是秩序已经具备了某种存在的特征，抑或状态。我们将其简言概括，制度化是某种思想观念中实际上被认为某种社会秩序或某种社会模式的特征或状态的形成过程。

其二，如果将其作为形容词来看，那么在诸如“制度化的社会”“制度化的组织”等术语中，制度化便是用来修饰一个已经成型的，且又具有鲜明制度特征的抽象形态或是机构形态。

二、我国特殊师范教育制度的初步形成

（一）对我国特殊师范教育制度形成的判断

对于发展特殊师范教育，基于我国特殊师范教育建立背景，它具有特定的社会与文化基础，严格意义上讲，它是从为残疾儿童提供入学机会、普及教育、保障残疾人权利这些基本价值观念出发的。所以，基于我们对制度特征的理解，该时期特殊师范教育已具备了作为制度的基本特征。按照我们对“师范教育制度”定义的理解，特殊师范教育也符合师范教育制度的现有特点。我国曾有相关学者将师范教育制度分为以下四个层面含义。

①根据国家性质制定的各级各类师范教育的目标、方针等。

②由各级各类、各种形式师范教育构成的学制系统和网络。

③师范教育设施和组织机构系统，包括各级各类师范院校、师范教育研究机构和行政机构等。

④有关师范教育的法令、政策、章程、规程、决定等。

综上所述，该时期，我国特殊师范教育已形成小具规模且有效的师范教育制度研究框架，即相关培养目标、方向，特殊师范教育的体系，特殊师范教育机构，特殊师范教育政策等。不仅如此，基于这种制度框架背景下，特殊师范教育制度已经渐渐形成了统一的秩序与规范，简言之，它已经成为一种“规则”的存在。由此可见，我国特殊师范教育在经历了20世纪八九十年代制度化的探索与实践后，已经成为一种制度的存在，我国已初步建立了相对独立的特殊师范教育制度。

（二）该时期特殊师范教育制度的表现特征

1. 侧重中等特殊师范教育

虽然我国从20世纪80年代初到90年代已建立了诸多中等和高等特殊师范院校，并在人才培养层次方面划分为研究生、本科、专科三个教育层面。但从宏观上来看，在上述三个教育层面中，中等特殊师范教育不论是在特殊师范教育机构数量上，还是在相关人才培养数量上，都居于主体地位。简言之，该时期主要以中等特殊师范教育发展为重心的制度建设时期。

2. 注重数量与规模

在普及教育的背景下，首先要解决特殊教育中教师数量少的问题，即在普及教育的过程中，通过培养和培训大批教师，加强教师队伍建设来解决师资短缺的问题。教师的培养和培训有赖于特殊教师教育体系的建立。故此，这一时期特殊师范教育制度建设的目标主要集中于特殊师范教育机构的扩展与师资培养培训规模的扩大。

3. 与普通师范教育融合且独立

（1）独立方面

第一，我国单独设立了特殊师范教育机构培养师资，这是国家针对特殊教育职前培养的现状而设立的。该类型培训特别体现在中等特殊师范教育阶段，目前我国已有诸多独立设置的特殊教育师范学校。

第二，职后培训也是特殊师范教育制度独立性的一种表现形式。该类培训主要体现于专属独立特殊教育教师职后培训体系的建立。

第三，国家为了突出特殊教育师资的专业独特性，为特殊教育教师单独设立了继续教育机构，并以此方式为特殊教育教师的职后培训予以推进。其主要推进的方式是，建立特殊教育师资培训中心，这种培训中心的建立主要以各省为单位，与此同时，鼓励各大教育师范学校以及少数特殊教育学校展开多元化教育相关内容培训。这点与普通教育教师的培训体系有着显著的区别。由此可见，特殊教育形成了属于自己的独特的师资培训体系。

（2）融合方面

就特殊师范教育培训机构方面而言，在诸多相关机构中的大部分机构都是依附于普通师范教育机构中的。例如，这一时期在普通中等师范学校开设了许多特殊教育师范班，而在普通师范大学以专业的形式开设了高等特殊师范教育，成为普通师范大学教育专业的一部分。

第二节　特殊师范教育政策存在的问题

一、政策目标的僵化

随着近些年来特殊教育的快速发展，我国特殊师范教育也发生了一些变化，且取得了一定的可喜成果。但遗憾的是，就特殊师范教育政策目标定位上，我国仍旧强调教师培养以及培训适量，关于特殊教师培养培训的主体机构规模在不断扩大，但是，并没有重视培养培训的最终结果，也就是质量问题。由此可见，对特殊教师与教师的培养培训质量问题，并没有成为政策重点目标。这种状态已持续至今。

由此不难发现，我国目前的特殊师范教育政策处于僵化状态，不论是现状，还是从未来发展趋势来看，亦是如此。更严重的是，这种僵化的政策目标，已经严重阻碍了政策行动的导向功能。

二、政策价值观的偏离

相关研究者在分析了我国教师教育政策几十年变迁的基础上，归纳出我国目前的教师教育政策价值观已实现了由工具本位向教师本位的移行。何为工具本位？即在一定的条件下，由国家引导教育或教师教育全面地为经济建设、为社会发展服务，而教育或教师教育亦就成了经济或社会发展的工具。教育本位则指的是，在充分认识教师教育内涵，尊重教师教育自身规律的前提下，利用各种社会有效资源以促进教师教育事业的发展。

教育或师范教育基于工具本位价值观下，要更好地实现国家、社会的发展，那么，教育则是诸多手段中的最关键一个。教师教育政策在该时期具有很强的功利主义倾向。这一时期的政策重点是通过构建教师教育体系和制度来服务于教育、经济和社会的发展。

随着国家对教师教育地位与性质认识的不断深入，师范教育政策开始更加关注教师自身的专业发展，通过教师教育改革与教师专业化来促进教师队伍整体素质水平的提高。师范教育政策逐步由工具本位转向了教育本位，愈加尊重教育的本质规律以及教师专业发展的规律。当然，在这一过程中，教师专业水平的提升也会带动教育质量的提高，同样达到促进经济社会发展之目的。

只是，这种社会性价值不再是作为教师教育政策的核心价值，而是成为基于教育自身价值的附属价值。可以说，工具本位与教育本位反映了教师教育政策的两种前后迥异的价值倾向，从工具本位向教育本位的移行反映了教师教育以及整个教育的发展进步。而反观当前我国的特殊师范教育政策，从其政策内隐的价值倾向来看，我国特殊师范教育政策价值目前在很大程度上仍处于工具本位层次。

第三节　特殊师范教育职前培养存在的问题

一、培养层次的实践困境

实际上，目前高等特殊师范教育在培养层次上可以细分为专科、本科与研究生三个层次。目前除了少有的几所大学在培养少量特殊教育的研究生之外，我国大多数特殊教育师范生的培养依然是以专科以及本科为主。然而，在专科与本科构成的“两级师范”培养层次体系当中，我国特殊师范教育的专科培养人数偏多，本科培养人数偏少。换句话说，我国目前的特殊师范教育在培养层次上仍以专科为主，整体培养层次偏低。

二、特殊教育专业设置中的学科缺失

在我国特殊师范教育制度化的初期，高等特殊师范教育在专业设置上是不分方向的，特殊教育是一个统一的专业。特殊教育专业最初的设置，与我国高等师范教育发展中所设置的“教育学”专业，其性质与目的几乎是一致的。教育学专业是我国师范教育中的一个传统专业，长期以来，教育学专业的培养目标主要是致力于培养师范院校的教育学、心理学教师和教育科学研究工作者。

随着中师院校数量的减少，教育学专业的就业范围越来越窄。很多教育学专业的毕业生流向中小学做学科教师，但相当勉强和困难。最重要的原因是，教育学专业在素质结构上没有学科专业。在这样的形势下，近些年来诸多高师院校的教育学专业招生规模逐渐萎缩，一些高师院校的教育系甚至停止招收教育学专业学生，或者是寻求教育学专业的改革。

目前来看，我国特殊师范教育机构的特殊教育专业虽然在课程类型和名称上有所不同，但大致可以从两个维度对课程进行分类。

第一个维度，将课程分为通识课程、教育专业课程和专业课程。

第二个维度，将课程分为必修课程与选修课程，有的学校又将选修课程分为限定选修与任意选修课程。

通识课程即公共基础课，主要包括思想道德修养课和政治理论、外语、计算机、军事、体育类课程。教育专业课程也称为学科基础课程，是学生进一步学习专门知识的基础，主要包括教育学、心理学、教育史、社会实践、毕业论文等。专业课程旨在帮助学生掌握有关特殊教育的基础知识、基本理论、基本技能及国内外在该领域的发展动态。

在我国高等特殊师范教育机构中，虽然也有少量特殊师范教育机构（如南京特师）开设聋语文、聋数学、盲语文、盲数学、智障语文、智障数学等课程，但这和真正基于学科的教师培养是大相径庭的。师范院校目前关于学科教师的培养首先是在各类专业学院（如文学院、数学学院）内完成的，师范生具有较强的学科知识背景，这有效保证了他们在一线教学实践中所需的学科知识。其课程结构基本分为普通文化课程（通识）、学科专业课程与教育专业课程。

虽然在教师培养过程中始终存在着学科专业与教育专业之争，即学科专业与教育专业孰轻孰重的问题，但毫无疑问，任何争论都不会忽视学科专业，争议的焦点只是集中于学科专业与教育专业的比例分配问题。而我国特殊教育专业的师资培养全是依托高等特殊师范教育机构的特殊教育系（学院）或附属于高师院校的教育学院来完成的，没有系统接受各类专业学院（文学院、数学学院等）的学科知识培养，这造成特殊教育专业培养几乎没有涉及各门具体的学科知识，特殊教育专业师范生的学科背景可见一斑。

在职前培养阶段，特殊教育专业的师范生强于对特殊教育理论的理解、对特殊儿童心理的认知，并能够从事与特殊儿童相关的鉴定评估、康复训练等工作。这是特殊教育与普通教育的独特区别，这是由特殊教育对象身心发展的特点与需要决定的。或者说，强调特殊教育专业知识与技能是特殊教育教师培养区别于普通教育教师培养的一个显著特点。但这并不意味着可以完全无视学科知识，关键是如何把握学科教育与特殊教育专业之间的比例。

而目前的特殊教育专业设置显然忽略了学科。需要看到的是，缺乏学科背景在实践中已成为特殊教育专业师范生的短板，甚至是特殊教育专业在实践中的致命缺陷。因为特殊教育学校，尤其是盲校和聋校，专任教师在工作中首先还是学科教师，承担特殊儿童的各门具体课程（语文、数学等）的教学。工作特点决定了特殊教育学校教师必须掌握所教学科知识体系的基本内容、基本思想和方法，以便于有效实施课堂教学，并开展教育教学研究。相对而言，由于课程设置的综合化，培智学校对学科背景的要求弱一些，但这并不意味着培智学校教育教学完全脱离学科，没有学科的教育教学是很难保证智障儿童身心获得有效发展的。

一直以来，特殊教育专业设置中的学科缺失与实践领域对学科教师需求之间的矛盾之所以不太明显，还要归因于目前我国特殊教育专业师范生的供求关系。特别是在计划经济时期，由于我国缺乏大量具备特殊教育专业背景的师资，特殊教育实践对特殊教育师资需求量大，供求关系的不平衡使得这种矛盾还没有达到尖锐冲突的地步。然而，随着近些年来教师职业由封闭走向开放，教师来源更加多元化。

①通过实践比较，部分以学科课程为主体的盲校、聋校充分意识到，在从事语文、数学等学科的课程教学过程中，中文、数学等专业毕业的学生更为适合。非特殊教育专业毕业生在参加工作后补修特殊教育专业课程比特殊教育专业毕业生补修学科本体性知识要容易。

②很多特殊教育学校宁愿选择没有特殊教育背景的学科专业毕业生加以培训，而拒绝选择原本就属于特殊教育领域内的专业师资，这在很大程度上说明了当前特殊教育专业所存在的忽视学科的弊病，反映出高师院校的特殊教育专业设置与实践需求之间的冲突与矛盾。

第四节　特殊师范教育职后培训存在的问题

一、在职培训制度不完善

（一）培训内容缺乏系统性

由于我国当前的特殊教育教师培训制度并没有对培训时间、培训内容、培训要求有相对统一的规定或规范，特殊教育学校教师虽有机会参与各种培训，但培训内容缺乏整体性与系统性，与职前培养脱节。培训形式也易于简单化，如单纯的听讲座、校本培训等形式，造成培训效果不明显，对特殊教育学校教师专业化水平的提升作用不突出。这些问题在一些区域性的调查研究中表现得十分明显。例如，陕西省特殊教育教师专业化的调查表明，有33.3%的教师认为培训对教学的作用不大。需要强调的是，培训中所提及的相关理论固然重要，但实践也是不容忽视的。而且，培训的内容应当具备针对性和实用性两个特征。这主要是由于，特殊学生无论从生理上还是心理上都和普通学生相差很大，但教师培训的内容要么只是讲授一些特殊教育学的理论知识，要么忽视特殊教育对象的特点，培训一些适合于普通学生的教育学和心理学的知识，特殊教育教师很少能够将培训中所学到的知识应用于自身教学中。

四川省的相关调查显示，教师职后培训覆盖范围不均，多以研讨、交流、校本培训为主，缺乏系统性与制度化安排，职后培训的速度与水平不能适应特殊教育发展的需求。

相关学者对西藏的特殊教育教师培训现状进行了分析，他们认为当前的教师培训形式上缺乏针对性，内容上缺少专业性。在职培训主要注重理论方面，对知识技能方面重视不够，缺乏针对特殊教育实践问题的案例教学，缺乏诊断、评估、康复训练等。因而，有 60% 的被调查教师认为内容与教学联系不紧密，缺乏针对性。

相关学者在对江苏省特殊教育学校教师职后培训的调查中总结了当前教师培训中存在的诸多问题，包括培训类型安排不合理、缺乏针对性。培训类型多是专业理论方面的培训，而技能与方法方面的培训则很少。培训形式单一，85% 以上教师仅接受过一种形式的培训。校本培训不受重视，且效果也不明显。培训内容不合理，课程多而杂乱，对教师缺乏针对性。

无论是从全国性的调查还是地区性的分析来看，当前特殊教育学校教师培训现状堪忧，教师培训对促进特殊教育教师专业发展的影响不大，没有起到应有的效果。这也是造成当前特殊教育学校教师专业化程度不高的一个重要因素。

（二）培训组织职责不明晰

首先，教育行政部门组织教师培训。对于国家及地方教育行政部门来说，组织与实施教师培训是其重要职能之一。在特殊教育领域，由教育行政部门组织的培训按其培训机构划分，又可分为特殊师范教育机构实施的培训与特殊教育学校实施的培训两种形式。特殊师范教育机构组织的培训既包括各级各类特殊教育师资职前培养部门，也包括各个区域性的特殊教育师资培训中心。它们共同承担着教育行政部门赋予它们的教师培训职责。一些区域性的骨干特殊教育学校也是实施教师培训的重要力量。长期以来，由于特殊师范教育力量薄弱，很多特殊教育学校受当地教育行政部门委托在发展中不仅承担起对残疾儿童实施教育教学的常规任务，还有效利用本校的教师资源，承担起了本区域内特殊教育教师培训甚至是教师职前培养的任务。

20 世纪八九十年代时，我国兴建的大量特殊教育师资培训中心多是依托特殊教育学校所建的，以充分利用特殊教育学校教师在残疾儿童教育教学方面的实践经验。即便是 21 世纪之后，一些区域性的特殊教育学校依旧是当地特殊教育教师培训的重要资源，在特殊教育学校教师培训、随班就读教师培训方面发挥重要作用。例如，建立在南京市盲人学校内的江苏省盲人教育资源中心受江苏省教育厅的委托，近些年来每年都面向全省举办视障学生随班就读师资培训班，为南京、盐城、宿迁、淮安等多个地市的特殊教育学校以及随班就读点的教师提供专业培训。作为一线教学实践单位的特殊教育学校参与教师培训能够在很大程度上因地制宜解决特殊教育培训资源稀缺问题，这是我国特殊教育教师培训制度的一个重要特点。

其次，各级残疾人联合会（残联）组织的教师培训。中国残疾人联合会及其下属各级残联的宗旨是维护残疾人在政治、经济、文化、社会等方面平等的公民权利，密切联系残疾人，听取残疾人意见，反映残疾人需求，全心全意为残疾人服务。从残疾人发展的角度看，教师培训也是促进残疾人平等融入社会、反映残疾人需求的重要途径。为此，中国残疾人联合会及其所属各级联合会积极参加和组织特殊教育教师的培训工作，在残疾人职业教育师资培训中发挥着重要作用。2009 年起，中残联依托北京联合大学特殊教育学院和南京特殊教育职业技术学院建立了“全国残疾人职业教育师资培训基地”，而地方残联也自发组织了多种形式的特殊教育教师培训，在培训内容、培训对象、培训形式上更加多种多样。

最后，非政府组织举办的教师培训。一些慈善或公益性质的国际性非政府组织在参与推进中国残疾人事业的过程中也同样作为特殊教育教师培训的主体组织实施了一些特殊教育师资培训。它们通过资金投入、聘请专家、开发课程等方式，或与政府联合或单独组织，从不同角度不同层面提供了多样化的教师培训资源。更多的非政府组织深入基层特殊教育实践领域或经济落后地区开展特殊教育教师培训，以提高中国的特殊教育师资水平，为残疾儿童教育服务。例如，近些年来，克利斯朵夫国际防盲协会（简称 CBM）、英国救助儿童会等非政府组织在四川、云南、新疆等中国西部地区与残联或教育行政部门合作推进全纳教育，开展全纳教育师资培训。

另外，还有由我国著名视障教育人士徐白仑先生在 20 世纪 80 年代后期开始设立的非政府、非营利性机构——金钥匙视障教育研究中心，在盲与低视力儿童随班就读方面组织了大量的区域性教师培训，对我国随班就读的发展产生了深远的影响。

当然，还有更多的非政府组织参与其中，在特殊教育教师培训方面发挥着作用，在此不再枚举。总体来看，这些非政府组织的积极参与，在我国特殊教育培训资源不充足的情况下起到了积极作用，是对我国特殊教育教师培训体系的一个重要补充。

教育行政部门、残联、非政府组织三方机构共同构成了我国特殊教育教师培训的主体。特殊教育教师培训发展至今，这三方组织机构所发挥的作用与功能是不可忽略的。正是得益于残联、非政府组织的积极参与，才在我国特殊教育推进的关键时期，极大地增强了特殊教育的师资力量，为特殊教育发展提供了重要的人才保障。然而，培训主体的多元化同时也凸显出其他问题，即特殊教育教师培训机构的管理和优质特殊教育培训资源的整合问题。在实践中，存在着三方机构各行其是、各自为政的现象。

虽然中残联近年来侧重于残疾人职业教育师资培训与康复培训，但从地方残联的培训来看，涉及的培训对象与培训内容范围会更广。非政府组织的培训在培训内容、培训范围、培训方式上呈现更明显的自发性与随意性。从整体的培训来看，很多地区的特殊教育教师培训看起来热热闹闹，其实缺乏总体设计，在培训内容、培训方式、培训主体的责任分工上缺乏明确规定，造成培训缺乏系统性，对促进特殊教育教师专业成长方面的效果不明显。

当然，出现这种现象也有其必然的原因。相对来说，特殊教育是一个较具复杂性的事业，由于它关涉的对象是特殊儿童，因而教育部门、残联部门以及非政府公益组织都会自觉地将其视为职责之内的工作对象。表现在师资培训中，就形成了多部门参与的局面。关键的问题是当前还没有形成组织之间的协作机制，各部门与组织还没有明确的职责分工与规定，相应的组织规范与制度还没有建立起来。故此，三方机构的参与由于缺乏明确的制度规定，优质培训资源缺乏整合与分配策略，就经常会出现区域性培训资源分布不均衡、区域差别大等问题。

二、新教师入职教育制度缺失

从终身教育的视角来看教师的职业生涯，它应该是一个持续的发展过程。我们所熟知的专业化既包括职前、在职培训，同时还包含将二者衔接在一起的入职教育，由此可见，它贯穿于教师的整个职业生涯，这也是教师教育未来一体化发展的必然趋势。教师入职作为衔接教师职前、职后专业发展的纽带，已成为各国教师教育的一个重要实践和研究领域。入职教育关注的是初入教职的新教师，我们通常也称之为新手教师、初任教师、职初期教师等。对这一时期教师的培训与教育，我们称之为入职教育或入职培训。

相关学者将教师入职教育特征概括如下：初任教师是主要教育对象；培训时长 1 年；促进初任教师实现角色转换是其主要目的；内容主要是帮助和评价；方式是有计划、系统地持续进行。在我国，虽然入职培训作为一种有效的教师支持性策略已经确定下来，特别是 21 世纪开始的教师教育改革将教师入职视作实现教师教育一体化的重要构成部分。然而，由于我国新教师职业培训还处于探索和完善的过程中，更重要的是缺乏相关的政策支持和制度保障，入职培训往往流于形式，没有发挥应有的作用。在实践中，与比较系统成熟的职前培训和在职培养制度相比，我国新的教师职业教育制度还不够完善。

这一点同样突出地体现于特殊教育新教师入职教育之中。由于我国特殊师范教育体系建设的历程较短，职前培养与在职培训制度尚处于初步的构建与探索期，对新教师入职教育的关注更少，新教师入职教育制度并未建立。虽然与普通教育一样，特殊教育新教师也有一年的试用期，但很大程度上试用期并非真正意义上的入职教育，它更多的是一种评价制度，而非专业发展制度。

地方教育行政部门或者是根本没有建立针对特殊教育新教师的“入门指导”计划与制度规范，或者是把特殊教育新教师纳入整个教师培训体系中采取一些常规的培训措施和做法，然而这种培训缺乏针对性与有效性，多数特殊教育新教师虽与其他教师一样参与培训，但对其顺利入职和职业适应作用不大。也有特殊教育学校采用校本培训或师傅带徒弟的这种“传帮带”形式，不过由于缺乏系统的制度保障，经常会流于形式化。同时，特殊师范教育机构也没有针对新教师入职教育的培训，特殊师范教育机构与特殊教育学校之间的培训合作并未形成。这些状况的存在，使得我国特殊教育新教师处境堪忧，新教师职业压力较大，职业适应时间延长。

从我们关于特殊教育教师职后培训的分析来看，目前的教师职后培训制度存在着较为突出的问题，新教师入职教育制度缺失，在职培训制度亟待完善。且职后培训与职前培养相脱节，特殊教育领域内职前培养、入职教育、在职培训的职前职后一体化教师教育制度还未建立起来。

第五节　特殊师范教育师范制度实践存在的问题

一、总体数量不足

（一）特殊教育学校教师数量不足

新中国成立至今，特殊教育学校教师队伍建设力度不断加大，教师队伍建设取得了一定成绩。1953 年，我国盲、聋学校教师数仅为 444 人，1978 年，特殊教育在“文化大革命”后重新恢复发展时的专任教师数为 4244 人。20 世纪 80 年代后，随着特殊师范教育制度的逐渐建立，特殊教育教师实现了专门培养，特殊教育教师队伍的数量与规模开始扩大。1980 年的统计人数为 4791 人，到 1999 年，专任教师总数达到了 31377 人，二十年左右的时间增长了 2.6 万余名教师。21世纪之后的十多年，特殊教育教师队伍继续扩大。2018年，特殊教育学校专任教师人数突破了5.87万人。

通过数量统计能够发现，我国特殊教育学校专任教师在人数上呈现每年递增的趋势。然而从整体来看，虽然现有特殊教育学校专任教师在总数上接近6万人，但仍无法满足当前特殊教育发展的需求，我国特殊教育依然面临着师资短缺、数量不足的问题。从特殊教育学校与特殊教育学校教师、特殊教育学校在校生数的比例来看，2018年特殊教育学校生师比为4.76 ：1。

从生师比来看，特殊教育学校教师在数量上似乎可以满足特殊儿童的需求。但在实践中，由于存在着大量残疾儿童没有入学，以及教师流失等诸多问题，教师短缺现象是相当严重的。从目前来看，随着特殊教育体系建设的完善，特殊教育学校招收的残疾儿童类型日渐增多，除了传统的盲、聋、弱智儿童之外，情绪障碍、语言障碍、脑瘫、自闭症、多重残疾及重度智障等各类残疾儿童、少年开始有机会进入特殊教育学校就读，享受义务教育，这大大增加了特殊教育学校对专业师资的需求。事实上，近些年来，虽然特殊教育获得了快速发展，特殊教育招生规模与数量也在不断扩大，但当前仍有大量适龄残疾儿童、少年没有机会入学。

以现有的增长速度来看，每年教师数量递增的规模不大，且这种递增主要是与特殊教育学校数量上的扩充联系在一起的，新建特殊教育学校数量的增加，在很大程度上带动了特殊教育学校专任教师数量的增加。教师绝对人数的逐年增加并没有缓解现有特殊教育学校师资短缺的问题。从整体上看，教师短缺已成为我国特殊教育学校发展中的突出问题。

（二）随班就读资源教师数量不足

随班就读的发展需要专业化的随班就读师资。师资无疑是随班就读发展中最为重要的因素，甚至可以说，随班就读教师素质水平的高低是影响和决定我国随班就读成败的关键。从我国随班就读的发展现状来看，随班就读规模上的扩大势必带来教师人数的显著增多。而当前，随班就读教师缺乏，尤其随班就读资源教师缺乏始终是一个严重的问题，制约着随班就读教师队伍的建设与发展。

当然，从理想的状态来看，随班就读的实施实际上要涉及更多部门与机构的合作，如残联、民政、卫生等部门。但无疑，普通学校与特殊学校是其中最重要的教育角色。应该说，随班就读这种教育政策的实施改变了我们传统意识中的教师角色与分工，普通学校教师与特殊学校教师开始以一种融合、合作的姿态进入随班就读这一共同的实践领域，它们分别扮演不同的角色并承担不同的任务分工，从而共同构成了一支完整的随班就读教师队伍。

从随班就读教师队伍的构成来看，随班就读的学科教师仍是由普通学校的学科教师担任，随班就读的巡回指导教师由特殊教育学校的专业教师担任，这两类教师均是来自当前的普通教育与特殊教育领域，从数量上来看，尚不存在教师短缺的问题。我国目前的随班就读教师数量不足的问题主要表现为专业性的资源教师的匮乏。

资源教师是资源教室运作的核心力量，从理想的状态来看，资源教师应由具备特殊教育背景的人员组成，如此才能真正发挥资源教师的功能，为特殊儿童和普通学校教师提供专业支持服务。但就现实而言，由于我国目前既没有专门化的资源教师培养机制，又囿于普通学校在人员编制和招聘体制上的现实阻碍，很多具备特殊教育背景的专业人员无法进入普通学校工作，造成了专业性资源教师的缺乏。

多数普通学校的资源教师只能从本校选拔有责任心、工作经验丰富、愿意从事此类工作的教师兼任资源教师，或经过短暂培训后担任专职资源教师。即便如此，随着随班就读的大力推进，越来越多的地区开始兴建资源教室，普通学校缺乏资源教师还将是一个持续存在的迫切问题。

二、专业化程度不高

（一）特殊教育学校教师专业化程度不高

特殊教育事业是一个专业化的事业，如果期间融入了大量非专业师资力量，那么必定会出现一个问题，即教师整体专业素养偏低。需要强调的是，专业素养是对专业人员的最基本也是核心要求。有学者这样认为，当代教师质量的集中表现就是教师的专业素养。这里所指的专业素养主要包括专业知识、能力、理念三部分。

相关学者对特殊教育学校教师的专业素养进行了一系列较为深入的调查，其结果显示，特殊教育学校教师自评的专业素质水平中表现最好的是专业态度，其次为专业知识，水平最差的为专业技能。相当多的特殊教育学校教师认为自己的特定专业技能水平不足，如为特殊儿童提供相关康复服务、运用相关康复训练方法等，需要进一步提升。近年来，一些关于特殊教育学校教师专业素质的研究表明，教师的专业素质，包括专业观念、专业知识、专业技能等，并不乐观。相关学者采用问卷法对特殊教育学校 918 名教师的职业承诺进行调查。

调查表明，特殊教育学校教师职业承诺处于中等水平。

其原因是：虽然我国一直致力于改善特殊教育学校教师的福利待遇和提高其社会地位，但是与社会上其他职业相比，特殊教育学校教师社会地位、经济收入、职业声望仍然比较低，付出与回报之间的落差，往往使他们产生困惑和不解，动摇其从教信念，影响其从教心理。职业承诺是教师对自身职业的认同程度，对教师的主要工作是否感到满足，以及对教学工作的投入程度等，它是教师专业理念的重要指标。对特殊教育教师职业承诺的这项调查也能够从侧面反映出特殊教育学校教师专业理念上存在的问题。

除此之外，还有部分学者采用问卷法对全国 6 所聋校 90 名教师的专业素质进行了调查，结果发现聋校教师的学历基本合格，但明显缺乏特殊教育或学科教育（数学、语文）的职前专业培训，同时继续学历教育未能紧密结合聋校教学实践的现实需要。更突出的是，聋校教师的学科素养不理想，表现为 50.0% 的数学教师不清楚算术应用题的基本类型，32.4% 的数学教师不了解聋生解答算术应用题的特点，28.5% 的语文教师不了解辅助阅读的四种手段，38.1% 的语文教师不了解聋生使用辅助阅读手段的特点。概言之，聋校教师的学科素养不理想，专业发展意识不强、专业知识缺乏，导致聋校的教学不能很好地满足聋生的特殊教育需要。这是聋生文化成绩偏低的一个重要诱因。

一些区域性的调查研究同样反映出特殊教育学校教师在专业素养方面存在的问题。相关学者对四川、重庆地区特殊教育教师的调查发现，从事特殊教育的教师普遍受教育水平较低，专业素养不足，缺乏专业发展意识。相当一部分教师从未接受过特殊教育理论和实践的培训，甚至很少阅读有关特殊教育的书籍。

相关学者对江苏省的 95 所特殊教育学校开展调查，认为从整体来看江苏省特殊教育学校教师的专业化水平发展不均衡，教师的专业素养亦有待进一步提高。关于湖南省特殊教育学校教师专业发展的调查认为，湖南省特殊教育学校教师专业道德、教育理念和个性特征发展总体形势良好，但教师专业理论知识较为缺乏，教师能力结构的平衡性有待加强。关于陕西省特殊教育教师专业发展的现状调查认为，陕西省特殊教育学校教师存在着普遍年轻、专业化程度不高、心理学知识缺乏、教师参与科研的内部动机不强等问题。

（二）随班就读教师队伍专业化程度偏低

1. 专业素养偏低

从目前随班就读教师的专业素养来看，随班就读教师存在着专业理念缺乏、专业知识与能力薄弱的问题。对于随班就读的学科教师而言，在专业理念方面，由于受传统普通教育的影响，随班就读学科教师对于如何面对普通班级里出现的特殊儿童还缺乏足够的心理准备，尚未树立完整的特殊儿童观、特殊教育观。甚至对是否应该接纳特殊儿童这一基本问题还存在疑惑。特别是随着全纳理念的提出，随班就读学科教师还缺乏一种以全纳的思想和高度来审视随班就读的理念。除了专业理念的缺乏，随班就读教师在专业知识与专业能力上的薄弱更为明显。

随班就读班级是由普通儿童与少数特殊儿童构成的群体，特殊儿童与普通儿童在发展水平、认知方式等方面存在着显著差异。教育对象范围的扩大，异质的学生群体的形成使得随班就读班级完全不同于传统的普通班级，随班就读教师必须具备应付不同差异儿童教育教学的专业知识与能力。

针对巡回指导教师以及资源教师专业素养普遍偏低的情况，由于目前专业资源教师的缺乏，我国在推进随班就读的过程中不得不采取一些应急之策，以解决资源教师的匮乏问题。但实际上，由于我国特殊教育教师普遍在相关知识技能方面存在问题，因此“补偿式”的培训只能缓解一时，并不是长久之计，距离专业化的要求还十分遥远。

2. 专业培养与培训缺位

随班就读教师专业素养的不足实际上与当前随班就读教师缺乏专业培养与培训机制有直接的联系。教师专业化的基本含义之一就是国家必须有专门的教师教育机构、专门教育内容和措施。而专门的教师教育机构、专门教育内容和措施恰恰是当前随班就读教师所缺乏的。

近些年，全国只有南京特师开设了随班就读专业，并对试点随班就读教师进行专业培养。而事实上，我国目前的随班就读师资主要是由毕业于普通师范院校的普通中小学教师担任的。普通师范院校在进行师资培养时却很少开设特殊教育课程或与随班就读相关的课程。

三、结构不合理

（一）康复专业教师偏少

特殊教育学校专任教师从工作性质上进行整体划分，主要分为教育专业教师与康复专业教师。特殊教育对象的复杂性、多样性决定了特殊教育师资队伍构成的复杂性、多样性，这一点与普通教育有所出入。特殊教育不仅需要教授各门文化课的学科专业教师，还需要其他从事特殊儿童身心障碍矫正或康复训练的专业技术人员，即康复专业教师。学科专业教师主要负责学科教学，传统的盲教育、聋教育、智障教育、学障教育等专业方向的师范生在毕业后多承担学科专业教学的任务。学科教师是特殊教育学校的重要力量。康复专业教师即特殊教育学校内的康复治疗师，他是针对特殊儿童进行功能康复的专业治疗人员，包括物理治疗师、职业治疗师，听觉、言语治疗师，园艺治疗师，心理治疗师等。

在许多情况下，当特殊教育学校缺乏康复教师时，学科教师将承担部分甚至全部的康复培训任务。然而，随着特殊教育的不断发展，康复的概念已被人们逐渐重视，如帮助特殊儿童适应环境、提高学习成绩、改善身体功能、社会化等。在这种背景下，缺乏严密系统康复训练的学科专业教师越来越不能适应特殊教育学校对高素质康复专业师资的需求，特殊教育学校普遍缺乏受过严格系统训练、具备相应资格与专业背景的康复教师。

（二）艺体教师比例偏低

就特殊教育学校内部对各类教师的需求来看，教育专业教师中，相比较语文、数学等主科教师而言，体育、美术等艺体方向上的教师比例偏低，尤其是体育教师需求量大，而专业师资缺乏。由于特殊儿童身心存在障碍，决定了特殊儿童在体育、音乐、美术等课程方面有独特的需求，特殊教育学校的艺术课程很难类比普通学校的艺术课程教学，因而尤其需要专业化的师资，以顺应儿童身心发展特点，提供有针对性的教育教学。

（三）特殊教育学校男女教师比例失衡严重

性别结构是指教师队伍中男女教师的数量及比例情况，它也是衡量教师队伍结构合理性的一个重要参照因素。从我国特殊教育学校近些年来的师资配置来看，存在着较为严重的男女教师比例失衡问题，女教师数量过多，而男教师数量过少。

自 2001 年以来，特殊教育学校女教师人数占教职工总数的比例在 66.0% 至 67.67%，并有缓慢增长的趋势。据教育部关于各级各类学校女教职工、女专任教师数的统计来看，2018 年我国特殊教育专任教师中，女教师 43351 人，占专任教师总人数的 73.91%。我们可以再对普通教育义务教育阶段的教师性别比做一对照，普通教育领域的初中阶段女专任教师比例为 56.79%，普通小学阶段女专任教师比例为 68.21%。通过比较，特殊教育学校男女教师比例结构失衡可见一斑。从教育对象的特点来看，特殊教育学校需要更多的男性教师。

第五章　特殊教育教师师范培养的对策分析

身体存在障碍的人群在全国人口中占有很大的比重，平等地享受受教育权是每个人的基本权利。特殊教育是教育的一部分，需要有专业的人才对特殊人群进行教育。特殊教育教师师范培养需要受到关注。本章主要分为我国特殊教育专业的发展概况、特殊教育专业师资培养的通识教育、特殊教育师资培养的核心课程建设三个部分，主要包括我国高等特殊教育发展、我国高等特殊教育专业发展的问题、高等特殊教育专业建设、高等特殊教育通识师资养成性培养的概念、特殊教育通识师资养成性教育实践等内容。

第一节　我国特殊教育专业的发展概况

一、我国高等特殊教育发展

（一）残疾人高等教育

我国高等教育当中招收部分肢体障碍和重听者或低视力者就读历来有之，但多限于轻度障碍者，但为其提供满足其需要的相关服务不足。

随着国家的发展，1985 年教育部、国家计委、劳动人事部、民政部发出了高校招收残疾青年和毕业分配的通知。在教育部、中国残联和有关省市关心下而有了招收残疾人的高等教育机构，如 1985 年，山东滨州医学院成立了招收肢体残疾人的临床医学系。

1987 年，长春大学建立了特殊教育学院，招收盲、聋、肢残青年，其后天津理工大学成立了聋人工学院。至 2000 年前后，北京联合大学特殊教育学院、南京特殊教育师范学院开始招收盲人、聋人大学生。近几十年，在职业学校、普通高校、师范院校，在残疾人高等教育方面有了长足的进步。目前，残疾人高等入学考试通道有参加普通高校高等入学考试、参加残疾人单考单招入学考试。

残疾人高等教育安置有四种方式，一是在普通高校、普通科系与普通学生同堂共同学习；二是在专门的特殊教育学院学习；三是在普通高校招收残疾学生的专业学习（聋人服装设计专业、聋人科技辅具专业方向、盲人音乐专业）；四是在自学考试学院、函授学院、国家开放大学学习。

（二）高等特殊教育教师培养

1. 早期高等师范院校创办特殊教育专业情况

1980年，北京师范大学建立特殊教育研究室。1986年，开办特殊教育专业，招收第一批特殊教育本科大学生。1988年，辽宁师范大学特殊教育专业招生。华中师范大学于1989年举办高等特殊教育专业。1993年，重庆师范大学、西南大学、陕西师范大学均开始招收特殊教育大学生。1998年，华东师范大学特教招生。以上院校主要为国家教育部属院校，从政府层面在我国东、西、南、北、中分布高等特殊教育。其中，辽宁师大和重庆师大作为省属院校，出自学校自主意愿，报上级批准举办特殊教育。

2. 中等师范学校的高等特殊教育专业

2000年以后，我国众多中等师范学校升格为大专和大学，这是高等特殊教育发展的一波浪潮，其中以北京联合大学特殊教育学院、南京特殊教育师范学院为代表的一批高等特殊教育专业形成。

3. 普通高师和普通高校的高等特殊教育专业

2000年以后，普通高师和普通高校，如泉州师范、长春大学人文学院、长沙特殊教育职业学校、河南中州大学特殊教育学院、郑州师范学院等，特别在2010年以后，高等院校举办特殊教育成为热潮。至2018年，全国已有56所高校举办特殊教育。

4. 高等特殊教育的培养层次

我国目前进行高等特殊教育专科、本科、硕士研究生、博士研究生等多层次培养。同时，还进行高等特殊教育专业师资多元化培养，进行职前特教教师培训，通过在普通师范院校开设特教公选课、在职教师培训、国家开放大学、自学辅导、函授培养教师。

5. 高等特殊教育教师的培养模式

目前，我国高等特教专业培养模式主要有五种。一是以教师基本功和学科教学培养为主；二是以教育心理理论学习为主的不分类师资培养；三是注意理论与实践相结合的不分类师资培养；四是以障碍类别为主的分类教师培养；五是以相关服务培养为主。例如，语言、动作、作业、音乐、美术、游戏、行为、情绪等治疗，学生能从康复角度与教育整合得到服务。

以上各种培养模式在实际运作中会互有渗透和借鉴。而培养模式的确立依专业人士对特教的理解、各自秉持的特教理念、专业培养目标定位、专业目前的实际情况及条件、特殊人群需求、社会需求、对专业发展的规划等多因素而确定，在实践中培养模式也会与时俱进。

（三）高等特殊教育专业定位

1. 高等特殊教育专业

（1）特殊教育专业性质

特殊教育是教育大系统的一部分，是与社会科学与自然科学（如与教育学、心理学、伦理学、社会学、法学、生理学、卫生学、医学、康复学等）交叉的一门边缘学科。

从宏观看，特殊教育是人文与自然科学结合的学科，特殊教育具有深厚、广阔的人文内涵，历史、地理、文学、艺术、传统、习俗为特殊教育增添了丰厚的人文性，特殊教育专业直接感受生活、感受生命，因而有对生活与生命的关心、关怀、领悟、追求、珍惜、赞美。特殊教育又是人类科学、技术的直接受益者，特殊教育具很强的科学、技术含义。

（2）特殊教育专业特点

特殊教育从宏观看是人类服务、社会服务专业，具有伦理性、高专业性、服务性与非营利性的特点。

①特殊教育的伦理性。特殊教育的伦理性既是特殊教育需求者和社会价值取向所决定的道德规范，也是特教职业道德规范对从业者的要求，同时又是从业人员职业道德形成后通过相应行为表现产生的实际影响。

②特殊教育的高专业性。由于该专业属交叉学科，所以专业面很广泛，可广收博取、吸纳、互动。由于服务对象具有复杂性，管理困难，专业的切入点多，需层层深入且需不断探索、积累与创新，正是在高专业性上特殊教育才有可以运作专业的服务。

③特殊教育的服务性。特殊教育的服务性是以特殊教育的伦理性和特殊教育的高专业性为支撑的，特殊教育服务既具有全人类服务的共同性，又有社会服务的普遍含义，既服务特殊需求者本人，也服务于家庭及其成员。特殊教育服务经过服务传递平台形成家庭、学校、社会、多学科、多专业的相关服务网络。特殊教育服务有社会福利和社会公益的属性。

④特殊教育的非营利性。正是由于特殊教育服务的社会福利与社会公益性，它不同于一般的商业行为，尤其在当今商品经济社会里，其非营利性定位就更需坚持也更需支持协助。目前，我国特殊教育有公办与民办两条路径，政府主要投向是公办特殊教育。“非营利”并非指不收费，在相关政策和相关条件支持下有免费、少收费的可能，在条件、环境还不允许的状况下，需要适当收费以维持特殊教育生存与发展。“非营利”指特殊教育不以赚钱为目的，要想实现这一目的，一方面特教举办者与从业者应对此目的十分明确，另一方面建立支持保障体系也很重要。

（3）高师特殊教育专业任务

①培养特殊教育教师。高师特殊教育专业主要任务是为特殊教育学校（班）和相关服务机构及随班就读培养合格师资，含职前和在职师资培训。②建设特殊教育资源中心。高师特殊教育专业是所属地区的特殊教育资源中心，开展特教咨询服务（教育咨询、家庭教育咨询、资源相关信息咨询、转介服务），进行巡回指导，推行家庭服务、学校服务、社区服务，协助相关机构建设，开发相关教材、专著、教具、学具、科技辅具等，进行特教及相关宣导工作，开设各类讲座、讲习与培训班。③进行特殊教育专业合作与广泛的学术交流。与国内外特殊教育专业同行的合作与交流，与多学科跨专业团队建立广泛的合作与交流，积极开展国内外理论与实践紧密联系的学术交流。④进行特殊教育专业化建设。我国特殊教育专业化建设是促进特殊教育高品质服务关键而急迫的工作。

特殊教育专业建设含特殊教育一线、直接服务的特教学校机构的专业化建设，也含培养特教师资的高等特殊教育专业的专业化建设。在专业化建设中主要包括人、事、物的专业化，对人而言有专业理念、专业态度、专业知识、专业能力的建设，事与物含专业设置、专业课程、专业教材、专业活动、评价、专业环境与资源等方面的建设。

2. 高等特殊教育专业主要课程类型

专业课程一般分为专业基础课、专业核心课程。因特殊教育专业是年轻的学科，以下按专业发展过程作课程类型介绍。

（1）基础类

基础类是指教育专业大类的共同性、普适性知识，为所有教育奠定基础，是对教育规律的归纳、概括，指引着各类教育。因而它是所有教育类学科的必修课，主要包括普通心理学、教育学原理、教育心理学、儿童发展心理学、神经心理学、人体解剖生理学、学校卫学、行为矫正、统计学、中外教育史学科教学法、儿童文学等。

（2）成长类

特殊教育专业成长中的普遍性课程，指的是特殊教育专业自身发展的常规课程，如特殊教育职业道德修养、特殊教育史、特殊教育概论、盲童心理与教育、聋童心理与教育、特殊儿童早期干预、职业教育、家庭教育等。

特殊教育专业成长中的探究性课程，指的是特殊教育专业成长中尝试性有新意的课程，如特殊教育课程论、特殊儿童个别化教育与教学（含诊断、教学设计、实施、评价、辅导等）沟通、班级管理、特殊教育辅助技术、融合教育。

（3）拓展类

拓展类是指特殊教育面对新的需求，在以教育为核心的基础上向相邻学科、专业的拓展，含语言、动作训练；作业、音乐、美术、游戏治疗；心理健康服务等。这三类课程层层搭建从基础到成长到拓展，联结成为特教课程发展的线索，特教专业建设正突破简单复制与拷贝教育学、心理学的瓶颈，既建立于扎实的教育、心理母体内，又从面的扩大，从纵深处打造自身的专业化，从而使服务能力有质的跃升。

3. 特殊教育与相邻学科的关系

特殊教育处在社会科学和自然科学相交的交叉位置，是多学科跨专业的整合。

（1）特殊教育与普通教育

普通教育是特殊教育的基础，来源于教育母体的所有教育理论，教育的本质、教育规律、教育过程及教育实践经验，从课程、教学活动设计、实施、教材、教法、教育教学管理评价，到教学资源、教师培养、教与学的关系等均被特殊教育吸纳、融汇。对有特殊教育需求的人，特殊教育从全人教育、个别化教育、生态教育和发展性教育、适应性教育、融合教育以及针对特殊人群的相关服务等角度，追求教育公正、公平，追求生命的尊重与生活的品质。

（2）特殊教育与心理学

建构在心理学上的特殊教育重视从心理的实质和身心关系、心物关系、知行关系上充分了解、运用儿童的遗传、生活环境与教育三个因素，强调教育对特殊需求儿童的重要作用，特殊教育从行为心理学、认知心理学、人本主义心理学等诸多心理学中收获良多，从而产生积极行为支持。同时注意对各类特殊儿童心理特点与需求的了解，以提供适合的教育服务。

（3）特殊教育与伦理学

以道德现象为研究对象的伦理学，为特殊教育职业道德规范体系的形成提供了依据，特殊教育在对人生的意义、人的价值、对生命与生活等普遍性而又根本性问题进行探讨与践行的同时，对职业道德与经济利益和物质生活的关系、个人与整体利益的关系、特殊需求与普遍共同性的关系进行了解答，通过特殊教育职业道德认知与情感，形成职业道德行为，提升职业道德修养。

（4）特殊教育与社会学

社会学是从社会整体出发，通过社会关系和社会行为来研究社会的结构、功能、发生、发展规律的综合性学科，特殊教育作为一种社会存在，在社会整体中对和谐社会建设有不可替代的作用。尤其是在我国现代化进程中，特殊教育是社会平衡、安定、进步的敏感而重要标尺，开辟了社会服务实践的广阔天地。

（5）特殊教育与哲学

作为社会科学和自然科学总和的哲学，是所有学科的基础，哲学思考是对任何一种知识探索的最好实践，特殊教育也不例外。

（6）特殊教育与法学

特殊教育需要有相关法律法规的制定，提供法律层面的保障，提高特殊需求人群的法律意识和维权意识的同时，强调全民、全社会对残障同胞的尊重与关怀。

（7）特殊教育与生理学

生理学研究活机体、正常生命活动规律，是生物学的分支学科，含最简单的微生物到最复杂人体。特殊教育的生理学教育主要包括以下两个方面。

①“特殊教育解剖生理学”以人体解剖生理学为主体，结合特殊教育专业特点，在系统阐述人体基本组织及系统等正常解剖结构和生理功能的基础上，着重介绍人体机能的调节、神经系统和感官结构特征及特殊儿童的解剖生理特点，以期了解特殊儿童生理结构特点及形成原因、功能表现、预防、康复知识，

从而为特教专业其他相关课程的学习提供生理学方面的必备基础储备。

②“神经心理学”研究人的心理活动与大脑生理活动之间的关系，是神经学与心理学的一门交叉学科，从神经科学角度解释和研究人的心理现象与行为。特殊教育要求在掌握神经心理学基础概念、理论、知识和技术基础上，对影响特殊儿童心理的神经机制有所理解、把握，为特殊教育及相关课程提供脑科学的依据。

（8）特殊教育与卫生学

特殊教育中健康第一重要，针对特殊儿童日常的卫生、健康、体育锻炼、合理营养、疾病预防与急救、学校环境与设备、康复医疗等，帮助特殊儿童提高生活自理和接受教育的能力，形成卫生、健康的生活习惯，促进特殊儿童社会、心理、生理功能的改善与提高，让特殊儿童过上健康、幸福的生活。

（9）特殊教育与医学

特殊教育与医学关系极为密切，在特殊教育和医学均有长足发展的今天，新意义上的医教结合有了新的内容和模式。在特殊儿童的心理需求、生理需求与社会性发展结合中，有对疾病形成预防和疾病治疗的基本常识，以及进行满足其医疗和教育整合的干预方案拟定、执行。

二、我国高等特殊教育专业发展存在的问题

这里以重庆师范大学特殊教育专业为例，分析我国高等特殊教育专业发展存在的问题。

（一）高等特殊教育专业发展及人才培养的问题

1. 照搬教育学、心理学的教学内容

高等特殊教育在我国发展早期，运用教育学、心理学的成果理所当然。而今天，高等特殊教育发展不能止步于此，不能照搬教育学内容、心理学内容，而应对教育学内容、心理学内容基本理论、原则、策略在特殊教育中的运用进行深入探究，形成特殊教育的专业理论和实践。

2. 不能满足特殊教育实践需求

我国特殊教育一线学校时逢特殊教育课程改革，近年也有较多的特殊教育新信息通道，并有机会获得新的特殊知识与技能，参加各类师资培训活动，特殊教育实践正挑战特殊教育理论。准确的专业定位，系统、全面、跟上发展趋势的专业设置及布局，踏实的专业建设，实现有实效的“政、产、学、研、用”

的特殊教育人才培养模式，是高等特殊教育专业建设、人才培养的当务之急。

3. 特殊教育理论和特殊教育实践需要发展

我国特殊教育有关于特殊教育概论、特殊教育史的研究成果，也有针对个别化教育、应用行为的分析，还有关于特殊儿童早期干预以及课程改革、职业教育、融合教育等的研究成果，但特殊教育理论的整合性提炼，特殊教育实践的系统、结构化形成尚有许多工作要做。如何发挥特殊教育理论对实践的支持与指导作用，如何形成特殊教育实践对理论的完备、充实，是特殊教育理论及实践建设的方向。

4. 特殊教育专业高层次人才培养

我国现有特殊教育大专、本科、特教硕士研究生、特教教育硕士、在职特教教师培养通道。应拓宽特教教育硕士培养渠道，同时加强对特教教育博士培养。

5. 特殊教育需要特殊教育教师

高等特殊教育专业要培养的是有理论、有思想、有智慧，能够行动、会动手操作、会推动、会促进、会实施特殊教育的人才，这就要求高等特殊教育要在“做”的方面强化。

（二）传统师训模式需要培养新师资

我国高等师范院校特教师资培训（岗前）各种模式的优、弱点如下。

1. 注重教育理论学习

该模式的优点在于学生具有较强的教育心理基本理论与知识和特殊教育观，较能从宏观上把握特殊教育。教育教学方向感、判断力较佳。不足之处是教育理论与临床实践有距离，进入教育教学实践需较长时间，实践中易出现教师基本功不扎实的情况。

2. 注重教师基本功训练

这是原特教中等师范学校的培养模式，其侧重对学生的基本功训练，如三笔一话，及语、数、音、体、美等学科教学法，教学技能的训练。该模式的优点在于学生能较快进入临床教学活动的组织与实施，长于设计并完成单课课堂教学，具有学科教学能力。不足之处在于教育教学理论广度不足，教育观念、教育判断力欠缺，教学活动能力有限。

3. 分类特殊教育师资培养

特教师资培养中还有分为聋教育组、盲教育组、智障教育组的分类特教师资培训模式。该模式的优点在于让学生学有专长，能够就一类儿童教育作较为深入的研究。不足之处在于因融合教育是特教发展方向，且有的学生是多重障碍，加之择业时并非能完全按理想锁定精专的专业。

第二节 特殊教育专业师资培养的通识教育

一、特殊教育通识师资养成性培养

（一）特教通识师资的含义

所谓通识师资是指能思考应对多种教学环境、多种教育对象，满足学生多样化教育需求的理论与实践相结合的新型特教教师。其具有大教育观，具有大特殊教育观，具有特殊教育专业态度、专业知识和专业能力，秉持以人为本的专业态度，培养创新型人才。

（二）特教通识师资的特点

特教通识师资应具备以下特点。

①特教通识师资应具备人文知识与精神，具备一般教师的素养，又具备特殊教育专业知识与能力。

②特教通识师资应将特教理论与实践相结合，特教通识师资吸纳了理论型师资培养与实践型师资培养的各自优势，综合发展一种既重理论又重临床运用，在实践中提升理论的复合型师资培养模式。

③特教通识师资在具备基本功的同时，充分重视现代特殊教育理论引导下的特殊教育策略技术的运用。

④特教通识师资应用于特殊教育各阶段和各支持辅助系统，通识师资应有对特殊儿童学前、学龄、职业教育、成人生活的专业知识与能力，还应有参与、组建、运作各种团队与支持辅助系统的能力。

⑤特教通识师资应能服务各类特殊教育对象，狭义而言，通识师资应通盲、聋、智障儿童的教育，广义而言，其能面对所有特殊教育需求儿童，总之特教通识师资是不分类教师，是有教无类的教师。

⑥通识师资既能面对各种障碍类别的儿童又能面对多重障碍儿童，既能做分科教学又能做整合性教学，既有教育教学能力又有一定的康复（如语言训练、动作训练、作业治疗）等职能。

⑦特教通识师资既能做特教，又能进入普校促进普教发展，促进特教和普教融合，同时又能支持协助普教，服务有特殊教育需求儿童。特教通识师资是推进融合教育的关键性专业教师。

（三）培养普教通识教师服务有特殊需求儿童的意识

在普教通识师资培养中，纳入服务特殊需求儿童的理念，这可作为高等师范学院教育改革的思路，我国已有对在岗普教教师进行特教专业培训的实践，部分高校在普通师范学院各专业开设特教选修课，有利于从普遍意义上促进融合教育。

（四）特教通识师资的理论学习与实践能力培养

特殊教育在教育大系统中是极富活力与生命力的领域，其特点有三个。第一，特教理论除了具有教育理论的普遍性以外，更具前瞻性，如个别化教育、以生活为核心的教育、支持性教育等理论。第二，特殊教育理论创新快，往往十年就有一种新理论，如回归主流、一体化教育、全纳教育等，特教教师的理论及思维必须常更新。第三，特殊教育所有教育理论均来自教育实践，而任何一种特教理论均会很快在实践中操作、运用，学校、家庭、社区、医疗、保健、教育、康复，社会服务等支持系统的组建，从中能很清楚地看到特教理论的实际运用。因此，特教通识师资培养需做到以下几点。

1. 理论学习

特殊教育通识师资的理论学习毫无疑问地应摆在高等教育的重要位置上，教给学生最基本的、最新的特殊教育理论的同时，更要教会学生有更新特教理论、触到特教发展脉搏的意识，尤其是培养将特教理论仔细、深入地运用在临床教育教学实践中的能力，使专业理论学习与实践紧密结合。

2. 教育教学实践能力培养

教育教学实践能力的培养是特教通识师资培养的关键，决定了高师特教的课程设置、教育教学格局与模式。

（1）应明确高校特教专业应培养的重要实践能力项目

项目确立依据有三。一是当前我国特殊教育实践；二是新的特殊教育观；三是世界各国对特教师资实践能力的要求。一般说来，特教通识师资应有对学校（班）整体管理及宏观运作模式把握的能力。培养对学校、班级教学基本模式及基本流程把握的能力，培养个别化教育实作能力，培养课程选用、部分课程编制及运用能力，培养教育诊断、评量能力，培养设计实施班级教学活动能力（含分科教学、综合教学活动、组织小组、团体、个别活动）进行班级管理等。

（2）设置相关课程及策划相关活动

欲培养高师特教通识师资基本实践能力，需开设相关的专业课程，如“特殊儿童教育诊断”“特殊儿童个别化教育”“特殊教育班级管理”“特殊儿童相关服务”等。除相关专业课程设置外，还应有一些培养儿童实践能力的活动策划，如义工服务引导管理、专题讲座、讨论会、报告会、读书会、参观、访问、实习活动等。

二、特殊教育通识师资养成性教育实践

（一）确立专业培训方向

一个专业只有明确了自己的培养目标，教学双方才有方向，才有自己的定位，培养目标是：培养具备人文、社科基本知识，具有教育科学、心理科学和特殊儿童心理、教育等方面知识，具有在特殊教育学校、班级和康复机构、社区、在随班就读资源教室从事特殊儿童教育训练、康复服务工作能力的临床实作特教师资。

（二）发展专业根基

1. 实验学校功能

如同医学院校需有自己的实验、实习医院一样，高师特教专业教师成长必须建立在临床实践基础上，只有亲眼见，亲手摸，与特殊儿童在一起，特教专业教育教学才能有土壤、有根基。将特殊儿童实验学校作为科研的研发地，作为专业大学生、研究生的教育教学实习基地，有利于特教教师的成长。

2. 实验学校宗旨

实验学校招收 3 ～ 16 岁身心障碍儿童，从 1993 年开办后招收了大量学生，现部分学生已毕业或进入普小随班及辅读班就读，部分学生已工作或进入成人教育机构。实验学校宗旨是“尊重生命为第一要义”，为每个学生提供具有功能性的个别化教育服务，促进其个人实现与社会实现相统一，最终能平等参与社会生活。

（三）以科研为生长点的专业背景

科研是专业的生长点，特殊教育专业教师在科研项目的确立、实施当中，发现问题，明确并解决问题，通过科研拓展自己的专业知识与能力，形成有自己特色的科研方向。已完成的研究项目有智障儿童鉴定常规，个别化教育、教学，课程理论与实践，教育诊断评量，教学模式，教学活动设计，职业教育，社区教育，环境生态教育等十多个研究课题（获国家级教学成果二等奖，国家教委世行贷款一等奖及省、市级多项奖项），十多年科研累积促进了专业的发展。

（四）成长中的人才培养平台

在原有儿童实验学校基础上，增加了特殊教育师资培训基地、重庆市高校特殊教育创新团队、特殊教育资源中心、康复基地、重庆市人才培养创新试验区项目、市级教学团队、特殊教育研究项目等，集教育、康复、科研、人才培养为一体的综合性发展平台，促进了高校青年教师的专业成长，加强了对特教教师的专业培训。

（五）开展专业实践

1. 见习和实习

专业实践分为以实习为本位的参与性与非参与性见习、结构性与开放性实习。

（1）见习

一是组织非参与性的盲校、聋校、普通学校见习。二是组织大学生义工服务特殊儿童，以个别补救、常规辅导、家庭服务等多种形式的参与性作为教育见习。此类见习持续于学生整个在校期。

（2）实习

一为结构性实习。本专业教师依教育计划、步骤，按教学要求安排学生实习。主要以儿童中心实验班为基地让学生进行日常实习，或让学生进入盲、聋、智障教育校、班，进行由该校、班教师及本专业教师共同指导的结构化实习。二为按社会、家庭、学校需要而进行的较富弹性的开放性实习。

2. 重视学生特教职业道德修养

（1）开设特殊教育职业道德修养课

本专业在第一学期即开设特教教师职业道德修养课程，从理论、态度上坚定学生的专业思想，重视道德修养问题。

（2）提倡义工服务，拓展潜在课程

本专业积极支持大学生做义工，目前开展的义工服务主要有针对身心障碍儿童的个别补救、常规服务、教具制作、家庭服务小组、校外服务等形式，绝大多数学生积极参与且能长期坚持，既运用了专业知识，又使职业道德修养由口头、书本转化为行动。通过做义工，大学生受益良多。

同时重视潜在课程开发，除义工服务外，还要组织特教同行开展专题报告会，与残疾人面对面交流，每期均有来访的全国各地教师、校长的座谈会，有国内外著名专家的交流会，还有特教征文活动以及专业录像和一些人文影视的观看等活动。这些活动开阔了学生眼界，营造出了团结、向上、认真、负责，投身于专业的良好氛围。

（3）毕业前专业统整

学生实习完结后，本专业有整整一周时间做专业统整。在教师引导下，学生对实习学校教学流程、教学模式、一日活动等做复盘，按实习小组进行充分讨论；然后再整理大学期间所学课程，找到各学科关系，并要求将所学与实习（班）现状比较，拟订出所在实习学校的教学方案与班级管理方案。

邀请当地及来自外地的特教专家、教师、教育管理干部、家长以及毕业学长与学生交流，专业教师这一周与学生朝夕相处，有充分的互动。一周的活动使学生厘清了所学专业知识与教学实践相连的理论—实践架构，加强了师生间、学生间的互动，做好了就业心理准备及相关专业准备，教师、学生均感收获颇大。

（六）抓住教育发展趋势

以广泛合作为契机的专业纽带，形成国际视野，把握教育新趋势。特殊教育专业与国内特教高校，特别与特教学校（机构）有长期密切合作，与美国、挪威、瑞典、比利时、英国等特教专家、同行有广泛合作，特别与我国港台地区有深入交流、合作。

每个学期，学校均结合专业特点和学生成长开展 3 ～ 4 次广泛的学术交流活动，进行含国内外相关专业的顶级专家、学者及专业实践人才的既广泛又系统、既具最新理论又具实践性的学术交流。其中包括最新研究方法、融合教育、积极行为支持、诊断评量、教学设计、教学方法、教学策略等，特教发展趋势，语言、动作、音乐、科技辅具、政策法规，残障儿童的心理教育等。高品质学术交流的开展拓展了学生的国际视野和专业行动。

（七）形成专业核心课程群

建立高等特殊教育专业核心课程群的结构框架。以个别化教育教学为核心，纵向含学前教育、义务教育和职业、成人教育贯通性课程与特殊教育职业道德修养，特教课程论，特教诊断、评量，个别化教学活动设计，班级管理，特殊儿童学校卫生学，特殊教育科技辅具，特殊儿童相关服务形成的横向课程圈。从而奠定了纵横交错的、独具特色的高等特殊教育专业核心课程群。

围绕课程群，培养青年教师，建设课程群多学科教师合作队伍。形成课程群教材、专著，构建各门课程教学模式（突出理论与实践结合，以解决问题为核心），并形成校级、市级精品课程。

（八）形成人才培养结构

以多层次、多形式形成完整的高等特殊教育人才培养结构。从 1996 年开始，本专业开设了面向全院本、专科师范生的特教公共选修课，该课程受到大学生欢迎，有上千名学生选修本课程，许多学生建议将选修课改为公共必修课。2001 年开始招收特殊教育硕士研究生。

特殊教育专业经二十年努力，形成了以临床实验学校为基础、科研为背景的特教专业教育，开设大学生公共选修课，为培养特教通识师资创造了良好条件。

（九）开设服务课程

建立西部资源中心，开展课程整合教学，新增相关服务课程。在原有重点实验室和重点建设学科基础上，2008 年建立西部资源中心。开展教康整合教学，钻研特殊教育的相关服务技能。外聘资深的康复和相关服务专业人员开展动作训练、语言训练等活动，经过扎实、密集的教康整合性实践，获得经验与感悟，从而使大学生、研究生服务能力倍增。

（十）建设师资队伍

以临床科研为条件的教师培养及拓展型师资队伍建设要做到以下两点。

1. 要求高师特教专业课教师必须作临床科研

高师特教专业课教师应加强特教态度的培养，增强特教理论教学与实践指导能力，作为特教教师，需做走向“通识”的努力，教授本专业课教师近三年内需有临床科研的经历。

2. 拓展型师资

本校专业课教师应与校内、校外有交流，同时本专业注重聘请实力派教师来本院任教，作长期（一学期、一学年）或短期讲座、专题报告，使特殊教育专业学生能吸纳更广泛的知识，开阔眼界，提升能力。

高校鼓励青年教师在专业背景下，结合通识师资的培养，再学习一门相关专业以实现理论与实践充分结合。例如，语言培训、动作训练、艺术调理等。

第三节 特殊教育师资培养的核心课程建设

一、特殊教育专业成长课程群

专业成长课程群是指以个别化教育与教学为主轴的，含特殊教育职业道德修养、特殊教育课程论、特殊儿童心理测验与辅导、特殊儿童教育诊断与评量、特殊儿童个别化教学活动设计、特殊儿童班级管理、特殊儿童学校卫生学、特殊教育科技辅具、特殊儿童相关服务等课程组成的课程群，共 14 门课程，简称“成长课程群”或“课程群”。

二、专业成长课程群建设思路与特点

（一）个别化教育与教学的生涯发展纵轴课程构成

个别化教育教学贯通学前教育、义务教育、职业教育、融合教育、家庭教育的生涯发展，构成纵向序列课程群轴。它既重视生涯每个阶段的个别化教育教学的核心、关键、特点，又连缀生涯成长过程连续和传承的完整性。

①学前教育课程。针对 0～3 岁、3～6 岁的特殊儿童，主要含粗大动作、精细动作、感知、沟通、生活自理、认知、社会七个领域的基本能力。②义务教育课程。针对学龄前期、学龄中、后期儿童、少年（6～16 岁），强调生活知识与生活能力教育训练。③职业教育。针对 16 岁以上的特殊少年、青年，主要包括职业知识、职业能力、职业态度、适应性教育训练。④融合教育课程。本课程包括融合教育定义、意义，融合教育理论，融合教育学校和班级建设以及融合教育教学实施。融合教育融汇学前、学龄、职业教育等各阶段。⑤家庭教育课程。特殊儿童教育中，家庭教育是重要的组成部分，本课程从家庭教育原则、内容、家庭支持系统建设、家庭教育策略展开，皆有家庭教育伴随生涯

成长各阶段。⑥转衔教育课程。在人生转接阶段，承上启下的课程设置确保生涯各阶段的顺利过渡。

（二）个别化教育与教学为课程群主轴

个别化教育与教学是特殊教育的原则、方法，在发达国家，法律规定特殊教育中必须实施个别化教育与教学。通过个别化教育计划的拟订与实施，对特殊儿童的尊重与公平、公正从一句口号变为教育行动。个别化教学可以具体个案引领，从纵向主轴上将 IEP（个别化教育计划）贯通早期干预、义务教育、职业教育、融合教育、家庭教育。横向连接从职业道德修养至相关服务各门课程。主轴上的个别化教育教学，强调个别化教育观的历史溯源。教育心理学基础、社会学基础、支持辅助等理论阐述，重点给出了 IEP 操作实施程序：接案→教育诊断→拟订 IEP →设计教学→实施教学→修正教学。个别化教育教学包括了特殊教育全程，可以说个别化教育与教学这一主轴从纵向与横向，从生涯发展的贯通层面与个别化教育计划拟订实施层面组成了成长课程群立体结构，整合了特殊教育重要且具有关键核心意义的教育教学目标和内容。

（三）个别化教育与教学横向运作课程

①特殊教育课程理论。这门课程从普教课程到特教课程，涉及特殊教育重要的全人教育理论、生态理论、个别化教育理论、发展理论、适应性理论。从课程编制、课程评量、课程的个别化运作以及特殊教育中盲、聋、培智新课程改革和融合教育课程等均有自编、选编的理论与实践的探究，且有多元特教课程的生成及运用。这门课程呈现了特教各类课程实例，形成本课程特色。②特殊儿童心理测验。针对标准化心理测验的编制与多种儿童心理测验的特殊教育运用和知识性介绍，并有对特殊儿童心理测验的量表及工具使用的操作性要求。③特殊儿童教育诊断。运用观察、调研、评量等多种方法，针对特殊儿童的学习特点、学习目标、学习内容、学习生活环境，对其身心发展、学科能力、目前状况、优点、弱点进行了解，并因此设计教学方案与对策。④个别化教学活动设计。在个别化教育计划指引下进行特殊教育教学设计理论、教学设计与实施全流程的介绍，目的在于培养学生集体、小组、个别化教学以及一日教学活动和融合教育中的个别化教学贯通性整合能力。⑤班级管理。这是针对特殊儿童班级管理者做班级管理项目、内容和实施的介绍，并有对班级管理规划的呈现和拟定、实践班级管理规划的要求。⑥特殊教育学校卫生学。就特殊学校卫生、学生学习生活、劳动卫生、学生营养、疾病防治、卫生习惯养成等有系统的介绍和实作要求。⑦科技辅具。着重介绍与特殊教育相关的生活辅具、沟通

辅具、运动辅具。⑧相关服务。其包括动作、语言训练、艺术调理等课程，相关服务课程除计划内开设，还运用了更多课余时间系统开设。

（四）涵盖特殊教育专业态度、知识、能力的课程群建设

课程群涉及的专业知识多而广泛，每门课均有相关知识的介绍与传授。特教专业能力的培养是课程群的重点，除每门课有专门能力要求外，对个别化教育教学能力和班级管理等能力也有很明确的要求。课程群主张将专业态度、专业知识和专业能力综合运用在特殊教育实际工作当中。

（五）多维度整合课程群建设

多维度整合表现在课程群建设中生理与心理的整合，教育与康复的整合，家庭、学校、社会、教育的整合，阶段性成长关照与生涯发展关照的整合。课程从整合的角度组合，意在帮助特殊需求者完整、全面地理解。

（六）理论与实践紧密结合的课程群建设

课程群重视对特殊教育理论和重要特殊教育观的介绍、归纳、分析、论证，力图奠定较为坚实的理论基础，如“特殊教育课程理论”对课程的基本原理、特殊教育主要理论有详细而深入的论证。课程群建设特别重视特殊教育理论和特殊教育观对特殊教育实践的指导作用和特殊教育理论的实际运用。任何一种特殊教育理论均会应用于实践，并一一有操作性佐证。课程群建设对课程理论指导下的实践自然加倍看重，如生态观下的环境分析课程、家庭教育观下的家庭系统教育、家长权利、家庭个别化服务计划，这都充分说明了理论和实践结合与课程群建设的关系。

（七）个案进入结构化、系统化课程群建设

专业成长课程群结构清楚，以个别化教育贯通生涯发展为纵向，以个别化教育过程为横向，交织为一个立体的课程群组。每门课程各自独立，各有该门课程的学习目的、内容、特点、教材、教法、评价。从外部形式看，它是一个完整的立体大结构。

当一个具体儿童个案进入本课程群，凭借这一个案，课程主轴贯通于这一个案学前、学龄、职业、成人生活的生涯轨迹。横向连接的所有课程与个别化教学流程有一一对应的关系。每门课的学习都以该个案为实例，从“课程”走到“相关服务”便是个别化教育的全程。个案使课程群的结构化、系统化全盘活起来，携带着教与学的生机，使生命生活充满活力。具体安排是，大学第一学期开设“特殊教育职业道德修养”，目的是让专业大学生一进校就由职业道

德修养引路，接受专业教育。如果特教介入不及时会错失良机，影响学生以后的专业思想进步。第二学期开设“特殊教育课程理论”，对特殊教育基础理论、特殊教育观和特殊教育丰富多彩的课程进行学习。在第二学年，“特殊儿童个别化教育教学”“特殊儿童教育诊断、评量”同时开设，以后各学期逐步完成其余各门课的学习。而个案则一直伴随着每门课程。

三、特殊教育专业成长课程群实施

（一）课程群实施对象

课程群实施主要经过教师讲授课程群的多门课程，与本校大学生、研究生和在职培训的学员一起共同完成。而课程群实施效果除检验大学生、研究生的学习成效外，还可通过服务个案的成效说明。

（二）课程群实施

1. 实施模式

教学组织、教学法：主要运用自调式、合作式学习及个案研究等方法。

从第一门课开始将学生分为4～6人为一组的学习小组，各小组由学生自行规定，自由选择标准、选出组长，拟出各组组名，如奋进组、大河组等，并确定队呼，教学中多以小组为单位，以儿童实验学校一名儿童或一个班级为个案。

随着课程的进展，如学习“课程”单元时，以小组为单位运用选择的课程到儿童实验学校，针对本小组承担的个案做为期两至三周的课程评量，且完成评量结果分析与报告。进入“教育诊断”，如学习“调查法”时，在教师处抽取调查题目，如“重庆师大义工服务情况调查”“重庆市爱心儿童玩具图书馆运作情况调查”“重庆市残疾人工厂情况调查”“重庆市随班就读工作状况调查”等，然后按照所学的调查流程：各小组分析主题、确定调查范围、查找收集相关资料、讨论形成调查提纲、确定调查对象、沟通调查时间、地点、进行调查、做问卷记录、整理调查资料、形成调查报告，最后进行全班性调查报告。

以一个班级个别化教学的开展为例，以小组为单位的合作式、自调式学习内容有：①运用发展性课程评量（针对个案为期一个月）；②调查法运用（按照调查主题为期一个月）；③样本抽样观察记录和轶事记录（每位同学独立操作，针对儿童实验学校一名学生）召开一个个案的讨论会（针对儿童实验学校个案讨论，会议时间1.5～2小时，做各类评测，收集资料整理两周）；④拟订个案的个别化教育计划（针对个案拟定IEP）；⑤自调式、合作式学习的成效与思考。

课程群教学中大量运用自调式、合作式学习方式，增加了学生自我学习和与同伴合作探究学习的机会，学生从更多方面主动思考问题，学习与人沟通、与人合作。课程群较多的教学实作，形成了教学实践的经历，亲历过的教学内容和每一步教学步骤，增强了记忆，加深了对问题的理解，学习了实际运用，在与儿童的教学接触中对理论知识如何促进儿童的成长有了新的感悟。同时增强了动手操作能力，打好扎实的实作功底。

2. 教学环境、教学资源

课程群已不拘于教室里传统的教师讲、学生听，在个案的学校生活、家庭生活和社区生活场景里与个案有亲密的接触、广泛联系。相关教师与家长及义工、社会工作者、医生等沟通，共同探讨，并采用多种教学手段，多媒体辅助，进而创新教学方式。

3. 教育教学中的师生关系

课程群要求教师深钻各类理论，减少单纯的教授，精心设计问题与学生互动，加强对实践环节的分析。这样做能够促进教师与学生相互理解提升教学质量，而且学生学习的主动性、积极性较高。

4. 教材组织

课程群实施的教材多为选用、自编结合，且在具体的教学活动中迭代，因主题的不同而使用不同的教材内容、组织形态和呈现方式。

5. 多元评量

课程群评量除传统的考试评量外，采用了自评与他评相结合，纸笔评量与实际操作评量相结合，过程评量与结果评量相结合，一次性评量与多次评量相结合，将原有的竞争方式改变为合作式评量，评出不会、评到失败的评量改变为找到已会、导向成功的评量。

6. 形成课程群教师团队

本课程群在二十年的建设中形成了一支稳定的教师队伍，各任课教师对自己负责的课程有认识、有研究，并逐渐积累了经验。课程群教师团队成员秉着理论与实践结合原则，开展各门课程教学，成为学生特殊教育专业能力养成的重要支持者、引路人。

第六章　特殊教育教师的发展与在职培训

新时代特殊教育发展已经步入质量提升阶段，迫切需要打造一支专业发展水平高的教师队伍。然而，不论是与世界教师专业发展的整体进程相比，还是与我国其他类别教师的专业发展相比，我国特殊教育教师的专业发展都存在较大差距，仍然带有明显的工具理性色彩。因此，对特殊教育教师的在职培训以及未来发展的研究是极其必要的。本章主要分为特殊教育教师的发展现状、发展的对策、在职培训三个部分，主要包括专业要素、脱产培训等内容。

第一节　特殊教育教师的发展现状

一、特殊教育学校师资队伍的现状

（一）教师性别比例情况

相关学者对教师性别的比例情况进行了研究，在该研究中，特殊教育教师有效样本共 2978 人，其中，男性教师有 738 名，占总有效样本数量的 25.7%；有 2240 名女性教师，占总有效样本数量的 74.3%。无论是西部，还是中部、东部地区，特殊教育学校教师的比例基本相似，呈现出女性教师人数较多，男性教师人数较少的现象，由此可见，教师性别比例已经严重失调。

（二）教师年龄分布

相关学者对教师性别的比例情况进行了研究，在该项研究的特殊教育学校教师样本中，29 岁以下的特殊教育学校教师 739 人，占有效样本的 24.4%，30 ～ 39 岁年龄段的特殊教育学校教师 1297 人，占有效样本的 42.9%，40 ～ 49 岁年龄段的特殊教育学校教师 721 人，占有效样本的 23.8%。三大地区特殊教育学校教师的年龄比例相似，40 岁以下的特昧教育学校教师约占特殊教育学校教师总数的 70%，说明特殊教育学校教师队伍以中青年教师为主力。

在东部地区，经济水平较高地区的特殊教育学校教师中，29 岁年龄段以下的比例高于经济水平中等和较低地区的教师比例；在中部和西部各地区，经济水平较低地区的特殊教育学校教师中，29 岁年龄段以下的比例高于经济本平中等和较高地区的教师比例。

（三）教师教龄情况

按照国内大多数研究中对教龄的划分，将 3 年作为一个阶段。在该项研究的特殊教育学校教师样本中，具有 3 年以下特殊教育教龄的教师 554 人，占有效样本的 18.0%；3 ～ 5 年特殊教育教龄的教师 383 人，占有效样本的 12.5%；6 ～ 10 年特殊教育教龄的教师 621 人，占有效样本的 20.2%；11 ～ 15 年特殊教育教龄的教师 645 人，占有效样本的 21.0%；16 ～ 20 年特殊教育教龄的教师 498 人，占有效样本的 16.2%；20 年以上特殊教育教龄的教师 371 人，占有效样本的 12.1%。

由此可见，三个主要地区的特殊教育学校教师分布比例相似，其中有一半以上的教师具有 10 年以上的特殊教育教学经验，这足以说明我国从事特殊教育教学工作的教师具有较丰富的特殊教育教学经验。

在中部和西部地区，3 年以下特殊教育教龄的教师的比率呈现升高趋势，但是，在经济水平较高地区的，10 年以上的特殊教育教龄教师的比率最高，这说明了什么呢？说明了中西部地区经济水平较高的地区，特殊教育教师稳定性较高，但在经济水平较低的地区，更多的人选择特殊教育学校教师的工作，新入职的教师较多。

在东部地区，经济水平较高的地区 3 年以下特教教龄的教师的比例高于经济水平中等和较低的地区，且 10 年以上特教教龄的教师的比率低于经济水平中等和较低的地区，这说明东部经济水平较高的地区特殊教育学校教师的流动率更高，新入职的教师较多。

（四）教师学历情况

1. 初始学历情况

（1）初始学历水平

相关学者对教师性别的比例情况进行了研究，且在本研究的特殊教育学校教师样本中，特教教师的初始学历包括高中及以下、中师中专、大专、本科和硕士五类。高中及以下学历的特殊教育学校教师 90 人，占有效样本的 2.90%；

中专中师学历的特殊教育学校教师 1290 人，占有效样本的 42.3%；大专学历的特殊教育学校教师 795 人，占有效样本的 26.0%；本科学历的特殊教育学校教师 843 人，占有效样本的 27.6%；硕士及以上学历的教师 34 人，占有效样本的 1.1%。在不同地区，特殊教育学校教师初始学历水平略有不同。

由此可见，东部地区大专以上学历特殊教育学校教师较多，占东部地区有效样本的 60% 以上；中部地区特殊教育学校教师以中专教师为主，其中，中专教师占一半以上；而在西部地区，中等专业学校和中等学校有 40% 以上的教师是合格的，大专以上学校有 50% 以上的教师是合格的。

在东部地区，随着经济水平的降低，中专中师学历水平的教师比例逐渐升高，而本科学历的教师比例逐渐降低，大专水平的教师比例差异不大；在中部地区，不同经济水平的地区其特殊教育学校教师的学历水平以中专中师为主，约占各地区教师总数的 50% 以上，而在经济水平中等的地区，大专学历的教师比例高于经济水平较高和较低的地区，在经济水平较高和较低的地区，本科学历的教师比例高于经济水平中等的地区；在西部地区，随着经济水平的降低，本科学历的教师逐渐减少，大专学历的教师逐渐增多，即经济水平较高、中等的地区，教师中本科和大专学历的占 50% 以上，而在经济水平较低的地区，近九成的教师的学历水平为中专中师或大专。

（2）初始学历获得途径

本研究中将教师初始学历的获得途径划分为四类，即成人教育、自考、普通全日制、网络教育。①成人教育。通常情况下，成人教育更多的是学校教育的补充、延伸、继续，是通过半脱产、脱产、业余的途径从而对成年人实施的教育，因此，成人教育是终身教育的组成部分，这一点是毋庸置疑的。②自考。按照教育部《高等教育自学考试暂行条例》，自学的人通过考试及格后，发给证书，并承认其学历。③普通全日制。这指的是通过全日制普通高校的全日制教育获得学历的方式。④网络教育。该类教育往往指基于网络展开的非学历以及学历教育等，并予以达到专科、本科毕业要求的学生国家认可的高等教育学历相关证书等。

相关学者对教师的学历情况进行了研究，在本研究的特殊教育学校教师样本中，通过成人教育获得初始学历的特殊教育学校教师 632 人，占有效样本的 20.9%；通过自考获得初始学历的特殊教育学校教师 259 人，占有效样本的 8.6%；通过普通全日制学习获得初始学历的特殊教育学校教师 2113 人，占有效样本的 69.9%；通过网络教育获得初始学历的特殊教育学校教师 20 人，占有效样本的 0.7%。

在东、中、西三大区域，特殊教育学校教师获得初始学历的途径分布比例相似，以普通全日制为主，近七成的教师通过普通全日制的教育获得初始学历，但在西部地区，近30%的教师通过成人教育取得初始学历。具体而言，不同地区不同经济水平的地区，特殊教育学校教师主要通过普通全日制的方式获得初始学历，但是在不同的区域，又呈现出细微差异。

东部地区，在经济水平较高和中等地区，成人教育也是教师获得初始学历最主要的途径之一，超过20%的教师通过成人教育取得初始学历；而在经济水平较低的地区，教师获得初始学历的第二途径是自考，约有15%的教师通过自考获得初始学历，且该比例远高于东部其他地区。中部地区，在经济水平较低的地区，近80%教师通过普通全日制获得学历，而在经济水平较高或中等的地区，通过成人教育和自考两种途径取得初始学历的教师比例高于经济水平较低的地区。西部地区，不同经济水平的地区教师多通过普通全日制和成人教育两种形式取得初始学历，其中在经济水平较低的地区通过成人教育取得初始学历的教师比例约为35%。

简言之，我国从事特殊教育的教师获取学历的方式相对简单，但不同地区、不同经济水平的地区略有不同。特殊教育学校教师获得最初的资格主要是通过普通全日制教育，但在西部地区，通过成人教育取得初始学历的教师的比例也较高，在中部地区，通过成人教育和自考两种途径取得初始学历的教师比例较高。因此，在经济欠发达地区，特殊教育学校教师获得学历的途径有多样化的趋势，但仍以普通全日制为主。

（3）初始学历专业类型

相关学者对教师性别的比例情况进行了研究，且在本研究的特殊教育学校教师样本中，初始学历专业为特殊教育的教师953人，占有效样本的31.9%；普通师范专业的教师1814人，占有效样本的60.8%；其他专业的教师218人，占有效样本的7.3%。三大地区特殊教育学校教师初始学历专业类型分布比例相似，初始学历专业是师范专业的教师已远远超过了九成，但遗憾的是，特殊教育专业的教师占比仅为总数的三成，且在这极少的三成中，有60%以上的教师毕业于普通师范类专业学校。这些调查数据足以反映出我国特殊教育专业素质教育的严重缺失现象。

在东部地区，经济水平高的地区其他专业的教师有近两成，特殊教育专业的教师约为三成，而在经济水平中等和较低的地区，非师范专业的教师可以说是几乎没有，且经济水平较低的地区特殊教育专业的教师有近四成，远超过了其他地区。在中部地区，经济水平高的地区其他专业的教师比例较高于经济水平中等和较低的地区，约占一成，而经济水平中等和较低的地区，特殊教育专业的教师比例约为 35%。在西部地区，经济水平较高的地区超过九成的教师为其他专业教师；经济水平中等的地区特殊教育专业的教师比例最高，超过了四成；而经济水平较低的地区，师范专业的教师比例较高，且特殊教育专业教师比例超过 35%。

总而言之，我国特殊教育学校教师的初始学历专业以非特殊教育师范专业为主，特殊教育专业毕业的教师仅为三成左右，而在东中部经济水平较高地区，师范专业毕业的教师占有一定比例（10% 左右），这说明目前我国大部分特殊教育学校教师职前并未接受过特殊教育的系统训练，其特殊教育专业素养的培育明显不足。

2. 目前学历情况

（1）目前学历水平

据相关调查数据，目前，特殊教育学校的教师主要有本科学历和大专学历。在经济水平较高和中等的地区，教师以本科学历为主。随着经济水平的下降，本科学历的教师比例逐渐下降，而经济水平较低的地区教师以大专学历为主。东部地区教师学历水平高于中西部地区，本科及以上学历教师比例高于中西部地区。

（2）目前学历获得途径

据相关调查数据，我国特殊教育教师主要通过成人教育进一步提升自己学历水平，也有部分教师选择自考和普通全日制的方式进一步取得更高的学历，且在中部地区，成人教育和自考是该地区教师获取学历的主要方式。

（3）目前学历专业类型

据相关调查数据，我国从事特殊教育教学工作的教师职后教育多是普通师范教育培养模式，缺少特殊教育专业素质的教育。且在中西部地区经济水平较高的地区，非师范专业教师比例较高，在经济水平较低的地区，虽然有大部分教师是师范专业毕业的教师，但特殊专业的教师甚少。因此，我国特殊教育学校仍面临着特殊教育专业教师的缺失问题。

（五）教师职称情况

据相关调查数据，特殊教育学校教师的职称多为中级职称，但经济较发达地区和东部地区教师拥有高级职称的比例高于其他地区，这说明我国特殊教育学校教师的职称水平处于中等水平，高级职称的教师数量较少。

二、特殊教育学校教师专业素质水平

（一）专业素质现状

1. 专业知识

相关调查研究表明，特殊教育中的教师专业知识水平高低顺序依次为：特殊儿童教学—特殊儿童心理发展—特殊教育的基本理论—特殊儿童教育评估。由此可见，我国特殊教育学校教师已经对特殊儿童教育的基本教学知识有了较为深入的了解，并能牢固掌握。例如，相关教学策略、设计、课程计划，甚至个别化教学的相关知识等，都有较为深入的了解。与此同时，教师对于特殊儿童的心理发展规律和基本特征都比较熟悉，且在此基础上能够通过分析特殊儿童心理特点实施科学的教育。

但需要强调的是，目前，我国特殊教育教师在特殊教育基本理论知识以及教育评估方面是相对薄弱的。因此，极有必要对一些较为基本的特殊教育政策法规、特殊教育体系以及特殊教育安置形式等知识进行学习，特别是对特殊儿童教育评估方法方面的知识更应牢固掌握。

2. 专业技能

相关调查研究表明，基于特殊教育中的教学实施在专业技能方面的平均得分相对高一些，然而，那些特定专业技能得分则很低。由此可见，教师在教学实施方面是有足够信心的，他们认为自己在相关特殊教育实施过程中，能够满足特殊儿童的需要，并能够对他们的进步与否做出相应的评估。据相关调查，有 82.3% 的教师认为自己能够管理好特殊儿童班级；75.1% 的教师认为自己能够满足特殊儿童的学习需求；78.9% 的教师认为自己能够创造更好的学习环境予以特殊儿童；77.9% 的教师认为自己能够做好学生进步情况记录。

但值得一提的是，目前，我国特殊教育教师在特定专业技能方面十分薄弱，且相关教师对自己在该方面的评价也略低，表示没有自信。曾有相关学者就“为特殊儿童提供适宜康复方法”的问题上进行了问卷调查，调查结果显示，有 46% 和 39.8% 的教师选择了不确定、较为不符合、极不符合等选项。这足以说明，目前有大部分特殊教育教师对自己在特定专业技术能力水平方面的不自信，同时也确实存在不自信的理由，因此相关教师应对该方面予以实质性的提高。

3. 专业态度

相关学者对特殊教育教师的“专业态度”问题进行了相关调查，其调查结果显示，大部分教师在该问题上的得分都在6分以上（满分为10分）。这足以表明，我国目前特殊教育教师在专业态度方面是十分积极的。且不说如此，就调查中的职业认同评分与情感认同评分最终数据进行比较，职业认同方面更好一些。

相关学者就“特殊教育教师应该尊重和热爱特殊儿童”问题进行了问卷调查，大部分教师选择了比较符合、非常符合。就此项调查不难发现，基于特殊教育的特殊教育教师，对其本身的职业认同度是极高的。

（二）不同因素影响特殊教育学校教师专业素质

1. 地区因素

经过相关调查后得知，我国东部地区的特殊教育教师无论是在总体专业素质方面，还是在专业态度以及专业知识等方面，均高于中部地区。然而，中部地区特殊教育教师在专业知识方面又明显低于西部地区。由此可见，在区域因素上，不同区域的教师在总体专业素质方面、专业态度方面，甚至专业知识方面出现了巨大差异。

2. 人口统计学因素

（1）性别

据相关统计数据，在性别因素上，不同性别的特殊教育学校教师不存在显著差异；但仅从均值比较来看，男性教师在专业知识、专业技能、专业态度和专业素质上低于女性。

（2）年龄

在年龄因素上，不同年龄段的特殊教育学校教师在专业态度上存在显著差异，在专业知识上存在边缘显著差异。事后检验表明，在专业知识上，50岁以上的特殊教育学校教师明显低于30～39岁的教师；在专业态度上，29岁以下的特殊教育学校教师明显高于40以上的特殊教育学校教师。

3. 职业特征因素

（1）特殊教育教龄

据相关调查数据，特殊教育教师专业素质总水平及各个维度，即专业知识、专业技能、专业态度上均在特殊教育教龄因素上表现出显著差异。

事后检验表明，在专业知识上，20年以上教龄的教师明显高于3年以下的教师，16～20年和11～15年教龄的教师明显高于3年以下及3～5年的特殊教育学校教师，6～10年教龄的教师明显高于3年以下教龄的教师，3～5

年教龄的教师明显高于3年以下教龄的教师；在专业技能上，3年以下教龄的教师明显低于3～20年教龄的各组特殊教育学校教师；在专业态度上，3年以下教龄的教师明显低于3～20年教龄的各组特殊教育学校教师，且3～5年教龄的教师明显高于20年以上教龄的教师；在专业素质总水平上，3年以下教龄的教师明显低于3～20年教龄的各组特殊教育学校教师。

（2）职称

在职称因素上，不同职称的特殊教育学校教师在专业态度上表现出显著差异。事后检验表明，在专业态度上，高级和中级职称的教师明显低于初级职称和无职称的教师；在专业技能上，高级职称的教师明显高于中级职称和初级职称的特殊教育学校教师。

（3）所处学校类型

不同类型学校的特殊教育学校教师在专业技能上表现出显著差异。事后检验表明，在专业技能上，培智学校的教师明显高于聋校和综合类学校的教师，其他各组间无显著性差异。

（4）教授学生类型

教授不同类型学生的教师在专业素质上并无显著差异，但仅从均数比较而言，在专业知识和专业技能方面及专业素质总水平上，教授听力障碍的教师得分最高，在专业态度方面，教授智力障碍的教师得分最高。

4. 教育因素

（1）初始学历

据相关调查数据，在初始学历上，不同学历水平的特殊教育学校教师在专业知识上表现出显著差异。事后检验表明，在专业知识上，中师中专学历水平的教师明显高于高中以下学历的教师。

（2）初始学历获得途径

在初始学历获得途径上，通过不同途径获得学历的教师在专业态度上表现出显著差异。事后检验表明，在专业态度上，通过成人教育和普通全日制获得学历的特殊教育学校教师明显高于通过自考获得学历的教师。

（3）初始学历专业

在初始学历专业上，边缘显著性差异体现在不同专业的特殊教育教师的专业知识上。事后检验表明，基于专业知识，特殊教育专业毕业的教师明显高于非特殊教育师范专业毕业的教师。

（4）目前学历

在目前学历上，不同学历水平的特殊教育学校教师在专业知识、专业技能、专业态度及专业素质总水平上表现出显著差异。事后检验表明，在专业知识上，硕士及以上学历水平的教师明显高于高中及以下、中师中专和大专学历的教师。大专及本科学历的教师明显高于高中及以下、中师中专的教师；中师中专学历水平的教师明显高于高中以下学历的教师。

在专业技能上，高中及以上学历的教师明显低于大专以上学历水平的教师，且中师中专学历的教师明显低于硕士及以上学历水平的教师。在专业态度上，本科学历水平的教师明显高于高中及以下、中师中专及以上学历水平的教师。在专业素质总水平上，高中及以下学历水平的教师明显低于其他几组学历水平的教师，中师中专学历水平的教师明显低于大专及以上学历的教师。

（5）目前学历获得途径

在目前学历获得途径上，通过不同途径获得学历的教师，在专业知识上表现出显著差异。事后检验表明，在专业知识上，通过成人教育和自考获得学历的特殊教育学校教师明显高于通过普通全日制获得学历的教师。

（6）目前学历专业

在目前学历专业上，不同专业的特殊教育教师在专业技能及专业素质总水平上表现出显著性差异，在专业态度上存在边缘显著性差异。事后检验表明，在专业技能上，特殊教育专业毕业的教师明显高于非特殊教育师范专业毕业的教师；在专业态度上，特殊教育专业毕业的教师明显高于其他非师范专业的教师；在专业素质总水平上，特殊教育专业毕业的教师明显高于非特殊教育师范专业和其他非师范专业的教师。

第二节　特殊教育教师发展的对策

一、基本结论

（一）特殊教育学校师资队伍专业素质水平特点

特殊教育学校教师总体专业素质水平一般，具体表现在：特殊教育学校教师具有良好的专业态度；特殊教育学校教师专业知识仍缺乏；特殊教育学校教师专业技能严重不足。

特殊教育学校教师专业素质水平在人口统计学因素上表现出差异，具体表现为：女性特殊教育学校教师的专业素质水平略高于男性；随年龄的增长，特殊教育学校教师的专业素质水平呈逐渐降低趋势。

特殊教育学校教师专业素质水平在职业特征因素上表现出差异。随着教龄的增长，特殊教育学校教师的专业素质水平呈现先上升后缓慢下降的趋势；不同职称的特殊教育学校教师的专业素质水平表现出差异；培智学校教师的专业素质水平较高，教授智力障碍学生的教师专业技能水平较高。

特殊教育学校教师专业素质水平表现出学历水平的差异。初始学历为硕士及以上的教师专业素质水平表现较好；随着目前学历水平的提升，特殊教育学校教师专业素质水平逐渐提高；学历获得途径影响教师专业素质水平；特殊教育专业毕业的特殊教育学校教师专业素质水平较高。

（二）特殊教育学校师资队伍专业发展特点

其一，职后培训制度不完善。校本培训是目前特殊教育学校教师职后培训的主要内容；培训覆盖范围不均衡，且职后培训次数过少；获得特教新知识成了特殊教育学校教师职后培训的最终目的；由于对培训不满或经济负担过重而无意愿参加相关培训；特殊教育学校教师职后培训内容与形式存在现实与需求之间的矛盾，特殊教育学校教师的培训内容偏重理论，缺乏应用性技能培训，而特殊教育学校教师期望以“理论讲解＋操作示范”的培训形式接受专业技能的培训；特殊教育学校教师最愿意参加短期培训。

其二，特殊教育学校教师注重科研，但存在较多阻碍。大部分特殊教育学校教师参与科研，科研级别多样；科研动机单纯，以提高教学水平为主；缺少指导、时间精力不够及资料有限成为特殊教育学校教师从事科研的最大阻碍。

（三）影响我国特殊教育学校师资队伍发展的因素

特殊教育学校教师专业发展受到个人因素、学校因素、社会因素的影响。影响特殊教育学校教师专业发展的个人因素包含了教师的工作认同、工作压力、工作成就感和待遇等，其中工作认同感是影响其专业发展的最重要因素。特殊教育学校的发展，对在其范围内直接从事特殊教育工作的教师会产生很大的影响。

特殊教育学校的发展包含了学校的工作环境、工作氛围、整体发展等，其中学校整体发展是影响教师专业发展的最重要的学校因素。特殊教育学校所处地区对特殊教育教师的认可度，是影响特殊教育学校教师专业发展最重要的社会因素。

二、政策建议

（一）完善法律法规体系

第一，转变固有陈旧思想，对特殊教育工作的复杂性以及专业性有较为深入的新层面认识和了解。除此之外，基于特殊教育的教师，应当具有与其劳动相匹配的经济待遇和地位，更应当对特殊教育教师的专业地位予以强调和突出。

第二，政府应当予以支持，从政策方面对特殊教育教师队伍的稳步发展予以保障，如制定详细且系统化的残疾人以及特殊教育保障法律体系等，且在此基础上，制定较为详细的政策执行标准，这样有利于相关政策的操作以及顺利实施。简言之，通过多种有效途径来确保相关政策法规的执行。

（二）深化教育体制改革

1. 探索多元化的特殊教育师资培养体系

我国特殊教育事业近些年来发展显著，随着特殊教育学校高中教育的稳步推进，随班就读的人数也呈缓步上升趋势，这便导致了部分特殊学校对特殊教育教师的需求量有所上升。那么，当前应将特殊教育与普通教育培养一体化，争取探索多维度特殊教育师资的培养模式，因为仅依靠相关师范院校特殊教育专业来培养特殊教育师资，已经不能满足目前特殊教育教学的实际需求了，而特殊教育与普通教育的培养一体化，正是提升我国特殊教育学校所需教师数量以及优质专业化水平的一个有效途径。

其一，将特殊教育专业课程与普通专业课程相结合。其二，开启“4+2”模式，争取培养出集学科知识与特殊教育相关专业技术于一身的综合性、高质量人才，不仅如此，其相关学历层次也能得到提升。其三，借鉴、吸纳发达国家通用且适合我国发展需求以及现状的诸多教育培训模式，从而在源头上保证未来从事特殊教育事业人员的综合素质。

2. 实施特殊教育教师资格证书制度

现代教育十分关注专业认证，而制定相关专业准则则是专业认证的前提和需要。针对特殊教育教师而言，实行特殊教育教师资格证制度，是该专业化素养提升的有力保障，是使其更为规范化的一个有效途径，同时也是使特殊教育向着制度化不断迈进的重要辅助工具。

就目前而言，幼儿园、小学、初中、高级中学、高等院校教师资格证书是我国教师资格证书所涵盖的范畴，显而易见，在这些证书中并没有特殊教育教师资格证书。如果实施了特殊教育教师资格证书制度，那么，想要从事该事业的教师就需要进行相关课程的学习，在通过统一考试之后，才能获取证书。这样便可使大部分相关教师达到特殊教育教师资格标准，从源头上切实保证该类教师的相关专业素质。

不仅如此，普通教育教师也可以通过相关的特殊教育培训，以及相关知识技能学习进行特殊教育教师考核，从而投身于特殊教育之中。同时，特殊教育教师通过相关培训和学习，不仅能提升在职教师的专业水平，还能使特殊教育教学的整体质量得到持续性的提升。所以制定特殊教育教师专业标准并实施相关证书制度是极其必要的。

3. 提升特殊教育教师的专业地位

适度的经济支持、和谐的社会环境、有效的社会保障实施，是顺利发展特殊教育的有力因素和前提条件。同时，也只有这样才能确保特殊教育教师的专业水平呈稳步上升趋势，切实提高特殊教育的教学质量。除此之外，在对特殊教育教师的培养以及使用和职称评定等方面，国家也应当积极给予政策上的支持，在加强特殊教育经费支持的同时，加大特殊教育投入力度，改善特殊教育的整体办学条件。

另外，应当适度提高对特殊教育教师的待遇。教师也是人，也需要在社会中生存，因此也会关心自己所从事职业最终获得的物质方面上的问题，如工作环境、工作条件以及所从事职业的经济收入等，因此有必要以一定的经济待遇和工作条件作为特殊教育专业发展的物质保证。虽然目前在《中华人民共和国义务教育法》等多项法律中明确规定特殊教育教师享有特殊教育津贴，各省市也根据实际情况制定了不同的特殊教育津贴标准，但是政策执行的力度有待进一步加强。

（三）加强教师队伍建设

1. 建立严格的培训体系及培训计划

（1）建立继续教育机制和培训体系

建立一系列的继续教育机制和培训体系，包括中央培训、省市培训、学校培训等，尤其是对经济发展相对落后的地区而言，更应当加大相关培训力度。培训内容应当根据学生的需求以及特殊教育学校教师的需求进行设计。专业培训内容主要包括个别化教育计划的制订、个别化教育计划的实施、特殊儿童评估以及特殊儿童行为管理、语言治疗、物理治疗等相对前沿的相关知识。培训模式不应当过于单一化，要尝试多种培训模式，如尝试与高校之间进行合作等。在摸索期间，应当注意培训的形式要以相关理论与实践的结合为依据，减少或避免非多元化理论讲解形式，且同时加强相应的实践技能培训。培训的教师以及专家应当走进特教课堂，亲自为工作在特教一线的教师进行实践指导，做到分层次、分阶段指导，进而做好培训后续的工作，最终让特殊教育教师能够顺畅实现从理论到实践的转化，提高整体培训质量。

（2）建立培训的监控体系

培训监控体系的建立是极其必要的，虽然我国大部分省市目前都建立了特殊教育相关的多层级培训体系，但在培训质量方面的监控并不是很理想，这使得诸多培训都趋于形式化。因此，凡是培训基地，就应当负责制订相应的培训计划，并予以实施，但在实施的过程中，管理机构应当积极对培训计划的整体过程进行监督，并做到对培训结果的考核各负其责，切实实现特殊教育教师职后培训的最终目的。

2. 促进特殊教育学校教师专业发展

教师专业化素质的提升还表现在学习水平的提升方面。毋庸置疑，从事特殊教育的教师，在专业性方面来讲，要高于普通教师，这主要归因于特殊教育对象具有特殊性。具体而言，从事特殊教育的教师，在具备一般教师所具有的基本条件基础上，又具备了从事特殊教育工作应当具备的教育教学能力、相关专业知识以及职业道德。因此，我国应当出台相关政策和文件。一方面，督促并鼓励特殊教育学校教师在进行学历层次提升的同时，还要结合好特殊教育相关专业，特别是那些初始学历为非特殊教育专业的教师群体。另一方面，改变并不断完善职后学历教育中特殊教育专业设置方面的不足，从而同时提升特殊教育学校教师的专业化水平和学历层次。此外，有一部分教师，他们进修只是为了一纸文凭，并不是为了真正提升自己的专业知识以及相关技能，因此，除了实施特殊教育教师资格证制度外，还应当在培训机构或是相关院校中增设一些相关管理部门。

3. 提高培训层次

我国应当积极扩大省级、国家级特殊教育培训的覆盖范围，提高特殊教育师资培训的层次。除此之外，还应当借鉴其他先进国家的相关培训经验，来进一步研究并制定相关策略。例如，针对特教专业的毕业教师，英国采取了短期培训的形式。但针对特教专业毕业但学历层次并不高的教师，或是非特教专业毕业的教师，英国则采取了长期函授学历培训形式。事实证明，这种培养形式的安排，可以使低学历特教教师和非特教专业毕业教师的相关理论知识得到显著提高，不仅如此，还能使其教学理念得到改变，从而提高其应用和研究的能力。

（四）提供强有力的社会支持

1. 落实有中国特色的残疾人观

对于中国特色的残疾人观，各大学校、媒体以及政府等，应当多多进行宣传，使之普及。让社会各界对自己在残疾人观念上有新的认识和改变，使整个社会形成一种理解、尊重、支持特殊教育的良好风尚以及核心价值观念。虽然这个过程是相对漫长的，但是我们可以通过在普通师范院校开设一些特殊教育相关课程，来起到普及特殊教育理念以及相关知识的作用，从而使社会对特殊儿童乃至特殊教育形成一种正确的认识，并间接增强了个体的社会责任感。

2. 营造有利于其发展的立体化环境

从上文的研究来看，我国大多特殊教育学校教师有积极的工作热情和态度，他们希望得到更好的机会来提升自己的教学水平；在工作动机层面上，我国特殊教育学校教师具有良好的动机，应该鼓励其继续保持积极的和较高的动机。此外，特殊教育教师需要自身形成正确的特殊教育观念，树立为特殊儿童服务的专业理想，不断对特殊教育的教学工作进行反思，加强自我学习，增强特殊教育的专业知识和专业技能，不断地进行理论学习与实践探索和反思，形成自我的专业发展与成长。

第三节　特殊教育教师的在职培训

一、在职培训的作用

（一）对非专业的特殊教育师资的岗位培训

特殊教育发展过快是一个全球性的问题，当然，我国也不例外，基于此大环境之下，整个相关师资的需求量也呈快速增长趋势。可以毫不夸张地讲，通过相关师范院校培养出来的新师资，已不能满足我国特殊教育发展的需求。

且不说如此，虽然目前已经有大量的普通教育教师参与到特殊教育事业之中，但这些教师中的大部分并不具备从事特殊教育的相关理论基础以及基本技能，对特殊教育的经验更是无从谈及。所以为了确保我国特殊教育师资力量充足，确保我国特殊教育教学质量有所提高，就应当为这些教师提供特殊教育岗位培训。

（二）特殊教育师资的继续教育

就目前而言，特殊教育专业知识的“半衰期”与普通教育理论和知识的“半衰期”相比要更短。这主要归因于国际特殊教育专业理论和技术发展速度之快，以及各种新思想不断涌现，加之相关理论和技术的快速更新，所以不论是正在接受在职培训的特殊教育教师也好，还是正在接受学历教育的特殊教育教师也罢，都需要也应当接受继续教育。只有不断学习新的特殊教育理念，了解新的发展趋势，更新和补充新的理论和技术，才能使我们的特殊教育知识和技能保持在最佳水平。

二、岗位培训

（一）专业要求

1. 树立新教育观念

岗前培训的关键是教育观念的转变。通过对哲学、心理学、经济学及社会学等理论观念的学习，从多元化角度帮助教师从人的本质与发展、个性差异与特殊教育需求、社会需求与进步等方面深刻地领会特殊教育的重要作用，培养非功利导向的教育价值观，树立尊重生命价值、尊重个性、人人受教育的教育社会生态观，形成对有特殊教育需求儿童的接纳心态。

根据相关实践调查数据，特殊教育师资在职培训中阐明的教育观念的理论高度与深度，与学习者接受程度成正比。在培训中对教育基本观念说理越透彻，学习者对新教育观念的接受程度越好，稳固程度越高，在教育实践中的主动性就越大。因此，在岗前培训中上好观念性课程，将有效地促进教师教育观念的转变。

2. 掌握特殊教育基本技术和方法

（1）掌握教育观察、诊断的基本技术

其一，教师能够使用观察法、活动法、调查法和测量法等基本方法，根据课程进行教学目标测评。其二，对于相对简单且非标准化的教育诊断工具的方法，教师能够轻松设计或使用。例如，最为常见的学生学习态度调查表、行为观察表、兴趣调查表以及课程评价技术等工具的使用和设计。其三，教师不应当盲目地对学生进行生态评估，而应当根据该学生的切实需求，并将之与环境相结合进行评估，尽可能实现在某一特定环境中的个别化教学目标。其四，正确的心理测量观点是特殊教育教师应当具备的，同时，教师还应当具备一定的标准化心理测验的相关知识，从而对学生的心理测量结果做出正确的解释。

（2）掌握制订个别化教育计划的方法

岗前培训应该为教师提供制订个别化教育计划的相关知识，这样能够更好地让教师了解特殊教育相关课程、个别化教育计划以及教育诊断三者之间的关联，从而更好地了解以及掌握怎样根据教育诊断的最终结果，对学生进行个案分析，为其制定正确的学习目标，从而制订出一套符合学生需求的个别化教育计划。

（3）掌握教学活动设计的方法

掌握教学活动设计的方法，是实现个别化教育的关键。因此应培养教师具有根据个别化教育计划安排教学计划和课程表，进行教学活动设计的知识和能力。通过分析来自个别化计划中的教学目标，通过各种教育活动主题或教学情境将教学目标融入教学活动中。

（4）掌握进行集体教学或个别化教学的基本技能

从事特殊教育的教师应该具备个别化教学的基本技能。个别化教学是通过多种教学形式，如单元教学、学科教学、团体教学等，针对每个儿童的特殊需要，实现个别化教学目标所实施的教学活动。例如，在一个主题统领下，通过上述活动，为学生提供各种不同的教学目标，学生在完成同一主题的过程中，实现各自的发展目标。

（5）沟通能力的培训

针对不同的特殊儿童（如盲、聋、语言障碍等）提供所需的沟通手段。沟通能力包括言语沟通、非言语沟通、手语、手势语、盲文、沟通板和其他沟通辅具的运用能力。根据教育对象的特殊教育需求，教师应有选择地学会上述沟通方法，掌握与儿童沟通的基本手段。

（6）教学效果评估的能力

特殊教育师资应该具备活动评估和阶段评估的基本能力。活动评估是指在某一教学活动进行过程中或完成以后立即进行的教学效果评估。通过评估可以立即了解教学效果，及时调整教学活动，决定教学活动是否结束等。阶段评估相当于学期考核，大约一个学期一次（6个月左右），其目的在于评价一个阶段的教学效果，并为制订新的教学计划提供依据。

（7）掌握管理班级和处理个别学生行为问题的方法

我国特殊教育以班级教学为基本单位，有效的教学来自良好的班级管理。

因此教师应该具备良好的班级管理的能力和方法，培养良好的班风，才能为教育工作提供良好的条件。鉴于有特殊教育需求的学生绝大多数存在问题行为，教师应该具备处理学生行为问题的正确观念、基础理论和基本方法。

（二）培训方式

特殊教育师资岗前培训方式可以有以下几种。

①上岗前的集中培训。上岗前集中培训约需 80 学时，1 ～ 2 周的集中培训时间。②在岗培训。对于已经上岗未能有系统的培训时间的教师，可以在在岗期间分散培训 80 学时，约在一学期内完成，并在其教学工作中加以实践。③函授教育方式。对于集中培训或在岗分散学习有困难的农村和边远地区，特殊教育师资可以采用函授学习等远距离教育手段进行岗位培训，并利用假期或派出专业师资对其进行短期集中培训和辅导。

三、继续教育

（一）专业要求

1. 课程理论和实践

课程理论学习在我国的师资培养中一直是薄弱环节。教师关于特殊儿童课程的知识仅仅局限于教材部分，而且我国基础教育的课程主要采用系统性知识的分科教材。这种课程不能反映出特殊儿童的教育需求，因此需要引入新的课程观念和理论来编写适合有特殊教育需求的个别化教育课程。课程理论学习成为继续教育必须进行研讨的重要问题。根据不同的特殊教育对象，课程采取的形态应该有所不同。

目前，特殊教育课程理论发展较快，从十余年前的发展性课程向功能性课程发展，最近又提出环境生态的课程理论和实践形态。这些课程理论使特殊教育内容更能体现儿童的特殊教育需求，更适合实施个别化教育，更利于儿童适应社会生活环境，参与正常社会活动。作为特殊教育骨干教师必须了解这些课程理论的新进展，并有能力将其运用于我国特殊教育实践中。

2. 个别化教育的教学模式和教学策略

个别化教育是当今教育改革的新取向，它力求打破传统的班级教学，倡导一种创新、更加灵活的教育理论和实践方式，以适应儿童的特殊教育需求。特殊教育骨干教师，应在掌握一般的个别化教育计划编制方法的基础上，进一步掌握不同的个别化教育理论和模式，掌握个别化教学的各种策略，形成系统化的理性认识，从而创造出有中国特色的个别化教育的理论与实践方式，为儿童提供适切有效的教育。

3. 特殊教育诊断的理论和技术

在教育诊断理论和技术发展的基础上，特殊教育越来越有针对性地为各类有特殊教育需求的儿童提供适合其需求和个性特征的教学内容和教学方法。目前，特殊教育诊断理论和技术不断发展，如从原来标准智力测验向动态性智力测验发展，更加关注这些智力测量的分数是通过怎样的心理历程获得的，并力求揭示出影响这一历程变化的教育条件，从而为有效的教育寻求理论基础和技术方法。

建立在教育目标理论之上的课程本位评量技术的发展，实现了教育内容、教育诊断和教学评估一体化的课程模式。同时，环境生态评量理论和评量技术的发展，实现了在具体生活环境中，教育与儿童的个性特征相适应，从而收到更好的教学效果。

4. 教学活动设计的理论和方法

通过特殊教育实践，在基本掌握教学活动设计的基础上，特殊教育教师还应该学习教育心理学和教学设计的理论，如教学活动设计的系统化理论、精熟教学理论、观察学习理论、协同教学理论和合作学习等理论，从而为教学活动设计奠定良好的理论基础，有效提高教学活动设计的质量。

5. 掌握多学科团队整合的理论和技术

多学科整合已逐渐成为特殊教育发展的重要趋势。物理治疗、语言治疗、心理辅导、咨询和其他相关专业，逐步与以个别化教育为核心的教育模式相融合，形成新的整合模式。通过继续教育，特殊教育骨干教师不仅需要掌握系统的本专业理论与技术，同时也需要学习并掌握上述相关专业理论知识，通过多学科的整合，形成团队，为有特殊教育需求的儿童提供更为全面的教育、康复和支持服务。

（二）培训方式

1. 专题短训班

可将上述教育内容列为相应专题，分别进行短期培训。每个专题需30～40个学时，安排一周时间集中学习；也可以安排学期的时间分散学习。每学期1～2个专题。以上专题的学习内容，共计150～180个学时，可在2～3年的继续教育中完成。其中涉及的相关专业，如物理治疗、语言治疗等，通过短期训练，可以了解其基本知识，以便教师配合专业人员进行康复训练。

近十年来，国内各级特殊教育师资培训机构、海外特殊教育专家运用这种方式引进了当代特殊教育的重要新理论，推广了特殊教育研究成果，短训班的形式对于提高我国特殊教育实践水平起到了积极的作用。实践表明，这是一种现实可行的师资继续教育方式，但因系统性不足，使其效果受到限制。

2. 实验教师培训

当然，也可将上述专题列为相应的教育研究课题。组织骨干教师在学习基本理论的基础上，将其运用到自己的教学实践中加以研究和发展。近几年，国内的一些特殊教育研究便采用了这种形式，并取得了良好的效果。这种师资培训的方式可以概括为图 6-1 模式。

图 6-1　“行动计划”模式

国外和中国香港特别行政区将这种模式称为教师培训的“行动计划”。实践表明，这是进行师资继续教育的重要方式，效果显著，可以培养出一批既有理论修养又具备实践经验的骨干教师。

3.“咨询教师”工作营

随着特殊教育教学质量的不断提高，在骨干教师的基础上，产生了培养“咨询教师”的需求。所谓“咨询教师”是指在特殊教育临床实践中具有帮助其他教师解决教学问题、规划教学和提高教学水准的能力的特殊教育师资。实践表明，“咨询教师”的成长对于提高特殊教育专业水平具有重要的作用，有人将其称为特殊教育师资队伍中的“教练”。

近几年来，重庆江津区向阳儿童中心与重庆师范学院儿童智能发展研究中心举办了三届“弱智教育咨询教师工作营”，将上述有关内容整合为四个主题，为来自各地的骨干教师进行为期 25 天左右的集中培训。力图从工作人格、专业理论和实践能力方面全面培养具有咨询能力的教师，这种方式获得了较明显的效果。

4. 脱产培训

对有发展前途的教师进行半年至一年的脱产培训。这种方式，教师可以选择进修一个相关专业，如课程理论、物理治疗或语言治疗等。经过一定的理论培养后，重新回到教学实践中去，并在以后继续接受定向的短期培训，逐步形成相应的专业能力。

第七章　特殊教育中的听觉障碍儿童教育与师资建设

听觉障碍儿童由于听觉方面的障碍，在日常生活中存在着很大的困扰。一方面，由于其自身的缺陷，他们会产生自卑感。另一方面，听力上的障碍，使其参与日常的语言交流极为困难，甚至会招致歧视。本章主要分为听觉障碍儿童的特点、听觉障碍儿童的教育、听觉障碍儿童教育的课程建设、听觉障碍儿童教师的专业素养四个部分。其主要内容包括听觉障碍概述、听觉障碍儿童心理健康现状分析、教育内容、教育方法、听觉障碍儿童的心理健康问题、聋教育专业课程设置探讨的必要性、聋校教师的角色、聋校教师应具备的心理品质等方面。

第一节　听觉障碍儿童的特点

一、听觉障碍概述

（一）听觉障碍的概念

听觉是通过大脑皮层对声音分析后所获得的感受，是由具有传导声音作用的传音器官和具有感受声音作用的感音器官协同完成的，这个系统中的任何部位发生结构或功能障碍时均可导致不同程度的听觉障碍。

对听觉障碍进行确切界定较为困难。故而出现了听觉障碍、听力障碍、听力损失、听力残疾、耳聋、重听等术语。1987 年全国残疾人抽样调查使用听力残疾以后，我国现有法律、法规中更多采用听力残疾的名称。

耳聋人过去常被称为聋哑人，聋与哑既有联系但又不相同，其中聋是听觉系统出现问题，哑是口头言语表达出现问题。很多在出生前、学语前全聋儿童或刚学会说话的幼儿因为听力损失，基本不能或完全不能感受到外界的语言刺激与其他声音刺激，造成了口头言语表达能力的丧失，临床上表现为既聋又哑，但这类儿童在言语器官方面一般不会有问题。可见，聋是因，是第一性（原发性）的缺陷；哑是果，是第二性（继发性）的缺陷。事实上，随着科学技术、医疗与特殊教育的发展，聋未必哑，现在称耳聋人而不说聋哑人。

（二）听觉障碍的分类与分级

根据不同的实践需要和不同的标准，可以将听觉障碍做不同的分类与分级。

1. 按听力损失的程度

我国第一次全国残疾人抽样调查标准中明确了听觉障碍的分级标准。我国的标准与世界卫生组织（WHO）、国际标准化组织（ISO）的标准基本一致，当时在鉴定听力损失程度时，常以言语频率听阈的均值计算；而世界卫生组织在20世纪80年代公布的听力损失程度的分级标准是根据500Hz、1000Hz、2000Hz及4000Hz气导平均阈值计算的，二者均以双耳听力损失较轻的一侧为准。我国第二次全国残疾人抽样调查标准与目前世界卫生组织推荐的听力残疾标准中的听力测试频率、听力残疾分类标准（四级）一致。

2. 按听觉障碍的性质

按听觉障碍的性质分，听觉障碍可分为器质性聋和功能性聋两类。前者指听觉系统的组织结构异常导致的耳聋，后者指听觉系统的功能下降导致的耳聋。

3. 按听觉障碍发生的部位

一般可分为传导性聋、感音神经性聋和混合性聋三大类。感音神经性聋大多不能通过临床方法治愈，必须借助助听器、人工耳蜗等补偿或重建听力。

4. 按听觉障碍发生的时间

按照听觉障碍发生的时间，可以将其分为先天性聋和后天性聋。

先天性聋是指在出生时即产生的听力损失疾病，可发生在产前期、产期以及围生期。

后天性聋是指出生以后产生的听力损失疾病，主要因素包括外伤性疾病、中毒性疾病、感染性疾病等。

教育界认为，听觉障碍是先天的还是后天的都不太重要，关键是看听觉障碍是发生在语言发展之前还是之后。教育界通常按照儿童语言发展的关键期来划分，我国学者将听觉障碍分为学语前（4岁前）耳聋和学语后（4岁后）耳聋；而国外教育者通常认为，如果听力损失发生在 2 岁以前就为语言发展前听力损失。

（三）听觉障碍的原因与诊断

1. 听觉障碍的出现率

出现率是指在某特定时间内在一定人口中已存在的某种类型的患者人数，如今年学龄儿童中有听力残疾的儿童数。在美国，听力损失的人大约 2200 万人，占人口总数的 8.6%；听力损失出现率最高的是在 65 岁及以上的人群中，18 岁以下的儿童中有 1.3% 是聋或重听儿童。我国第一次残疾人抽样调查显示，我国听力语言残疾的现患率为 1.679%，全国共有听力语言残疾 1770 万人，占我国各类残疾人总数的 34.3%，全国第二次残疾人抽样调查显示，我国单纯听力残疾为 2004 万人，加上多重残疾人群中不同程度的听力残疾 776 万人，总计为 2780 万人，占我国各类残疾人总数（约 8296 万人）的 33.51%。我国听力残疾现患率为 2.11%。0 ～ 6 岁听力残疾儿童 13.7 万人，儿童听力残疾的现患率为 1.3‰，每年新生听力残疾儿童 2.3 万人。部分学前听力残疾儿童在专门的听力语言康复机构进行听觉言语康复训练。

2. 听觉障碍的原因

造成听觉障碍的原因是多方面的，有先天原因和后天原因。

①先天原因是指在出生前（时）造成儿童听觉障碍的原因。其主要包括遗传因素；胎儿在胚胎发育时期听觉器官没有发育或发育不全；母亲在妊娠期间患风疹、先天巨细胞病毒或其他传染病；母亲在妊娠期间使用某些能致聋的药物；高胆红素血症、早产和低体重、新生儿窒息、脑外伤、新生儿感染、自身免疫缺陷性疾病等。

②后天原因是指儿童出生后环境因素造成听觉障碍的原因。其主要包括外伤和中耳炎；急性传染病病毒和细菌感染，如伤寒、流行性感冒、麻疹、脑膜炎、猩红热、腮腺炎等；药物中毒，如儿童因治病使用链霉素、庆大霉素等抗生素；噪声等。

另外，遗传也是儿童听觉障碍的重要原因。遗传性听觉障碍按表现特点不同可分为综合征性听觉障碍和非综合征性听觉障碍，非综合征性遗传性听觉障碍所占比例高达 70%。根据遗传方式不同将非综合征性遗传性听觉障碍分为常染色体显性遗传（AD）、常染色体隐性遗传（AR）、X 连锁遗传及线粒体遗传，其中以常染色体隐性遗传性听觉障碍最多见（75% ～ 85%）。我国现已能够为大部分遗传性听觉障碍患者在分子水平上进行诊断和遗传咨询。最新研究证明，相当一部分遗传性听觉障碍仅由 GJB2、SLC26A4 和线粒体 12SrRNA 三个基因突变引起。在北京已能广泛为听觉障碍高危人群做检测并科学指导生育。

3. 听觉障碍的诊断

听觉障碍儿童能否尽早得到诊断，对其能否尽早得到治疗和训练是非常重要的，诊断的目的，是为听力残疾儿童的治疗和康复训练提供科学的依据。下面分别介绍一些常用的听力检查方法。

①主观听力测试。主观听力测试是一种心理物理的测试方法，需要听障儿童听到声音后做出主观反应，可以是肢体动作，也可以是面部表情甚至是情绪改变。通过主观测试，可以了解听障儿童听力损失的程度和性质，为助听设备选配提供准确的数据。

由于不同年龄段儿童的认知水平、言语发育、交往能力存在很大差异，主观测听需根据不同年龄段选择不同测试方法，主要包括纯音测听（PTA）、游戏测听（PA）、视觉强化测听（VRA）、行为观察测听（BOA）和言语测听。

②客观听力测试。客观听力测试是一种电生理检测法，是对脑干或皮层听觉电位的记录。听障儿童听到声音后不需做出主观反应，而是根据测试仪器记录到的客观数据与正常结果进行比较来判断是否正常。这对于儿童听力损失程度、性质及病变部位的诊断有重要意义。常用的客观听力测试方法有听觉脑干诱发电位、耳声发射、声导抗测试、40Hz 稳态诱发电位、多频稳态诱发电位和皮层诱发电位等。

儿童听觉障碍的诊断以听力测试为重要依据，但还需进行详细的病史调查、全面的听力学评估、发育情况评估以及必要的影像学检查、遗传学检查等。

（四）听觉障碍儿童康复的意义与发展模式

康复是综合运用医学、教育、职业、社会等手段消除功能障碍的影响，帮助残疾人增强能力，重返社会的过程。听障儿童康复是指通过采取一系列综合措施，如教育、医疗等，帮助其重建听力、提高综合素质、增强交流能力、实现全面发展的过程。

康复不仅可以全面改善听障儿童的生活质量，发展听、说能力，还能为其提供平等接受教育、参与社会生活的机会；有助于减轻家庭经济负担，创造家庭幸福；有助于推动全社会人道主义价值观的普及，对推动社会文明具有重要作用。

新生儿听力筛查技术和现代助听设备的普及使听障儿童早期干预技术日益

成熟，早期干预的效果更为显现。听障儿童的发展模式更加强调在自然的、有意义的交流环境中帮助听障儿童发展听觉、言语能力；强调发挥家长在听障儿童康复过程中的主导作用，康复教师扮演辅导、指导的角色；强调全社会共同关注听障儿童，给予他们平等接受教育的机会，最终实现人的全面发展。

二、听觉障碍儿童的主要心理问题

听觉器官的损害和语言的缺陷对听觉障碍儿童的学习和认识活动以及个性的形成和发展有很大的影响，在情绪、个性及行为等方面都会出现一系列的心理障碍。一项相关研究认为，情绪反应测定结果表明，听觉障碍儿童忧郁和焦虑情绪较多，爱冲动，缺乏感情。相对于视觉障碍儿童，听觉障碍儿童在与人交往的过程中表现出更多的问题。

（一）对自我的不良认识

对自我的不良认识主要表现在其性格自卑且孤僻。听觉能力的丧失严重影响了听障儿童的日常生活。儿童在早期的学习中主要通过观察和模仿他人的言行，学习适应社会的基本技能。但由于听觉障碍儿童在与人沟通的过程中障碍重重，使得他们感觉很难融入社会生活，进入同龄人的交往圈子。加之在学习中遇到的困难、毕业后就业的限制及社会传统的偏见，使之丧失自信，遇事退缩，有的甚至自暴自弃。他们往往因为自己听力残障，认为自己永远比健全人差。自卑心理和与健全人沟通的障碍，使得听觉障碍儿童不愿和健全人沟通，喜欢独处，长此以往，形成不合群的性格。

（二）对外界事物的不适当反应

对外界事物的不适当反应主要表现在其多疑、敏感的性格方面。听障儿童对外界的事物非常敏感，容易产生猜疑和焦虑的情绪。造成这类问题的主要原因是其生理上的缺陷造成对客观事物认知不全面，容易产生错觉，加上语言沟通的缺陷，使听觉障碍儿童的思维还停留在动作思维和具体形象思维阶段，抽象逻辑思维水平较低，对身边的事物、人际关系难以做出正确的判断和推理。

大多数听障儿童还存在过分任性和依赖的不良心理特征，这部分儿童在生活上、心理上都很依赖父母，希望父母寸步不离，凡事包办代替，即使一些力所能及的事也不愿做。家庭成员对听觉障碍儿童的过度关注和保护，使其容易形成自我中心意识和依赖性，缺乏自立、自主能力。

（三）不良的情绪体验

不良的情绪体验主要表现在情绪不稳定，难以控制自己的情绪，容易急躁冲动等方面。个体自制力的强弱取决于个体的认识水平和情感体验。由于听不清或理解偏差，听觉障碍儿童获得的外界信息有时不太全面，导致听觉障碍儿童对人、对事的理解产生偏差，容易产生不良的情绪体验。听觉障碍儿童由于认识水平的局限，加之其由于自卑表现得自尊心非常强，常常因为一点小事难以自控，不利于自制力的形成和发展。因此，听觉障碍儿童往往表现得不善于控制自己的情绪，情绪反应过激。听觉障碍儿童如果自认为受到不公正的对待或曲解其原意时，容易产生过激的情绪和举动，如乱发脾气、不听劝告等。

听觉障碍儿童产生心理障碍的原因是多方面的，有听觉障碍儿童听觉器官功能缺陷的自身因素，也有父母的管教方式和教育态度等家庭因素以及来自社会环境的影响，包括听觉障碍儿童在社会生活中的地位和人们对他们的态度等。另外，听觉障碍儿童的心理问题在性别和地域上也存在差异。

三、听觉障碍儿童社会适应与交往特点

我们都生活在一定的社会环境中，一个人的成长不仅是个体生理、心理的发展过程，也是他逐渐适应社会的过程。社会适应是“个体相符于所处的社会环境的需要以及相应的社会期望而产生的，它包括个体通过改变行为或态度以学会和环境保持一种协调的关系，从而在符合社会期望的同时也能够令自己感到满意”。良好的社会适应是听觉障碍儿童融入社会环境，获得幸福生活的保障。儿童适应环境的过程是个体与环境相互作用的过程。社会文化和规范通过儿童所处群体影响儿童，使之形成符合社会期望的社会行为模式，给儿童带来归属感和安全感；反过来，儿童在适应群体的过程中也会为所处环境带来新的发展。在这个过程中沟通显得尤为重要，听觉障碍儿童的听力损失问题影响了他们的沟通能力，特别是他们与社会主流人群的沟通能力，这给他们的社会适应与交往带来了不利影响。虽然听觉障碍儿童不存在明显的人格问题，但由于他们难以与外界沟通，缺乏与他人互动的机会，所以缺乏沟通技能，情绪不稳定，社会性发展落后于同龄普通儿童，容易出现社会适应不良现象。与此同时，主流社会对听觉障碍者缺乏宽容和接纳，也是听觉障碍儿童出现社会适应问题的重要原因。

（一）自我意识的发展

自我意识主要包括自我评价、自我体验和自我控制三方面。听觉障碍儿童自我意识的发展趋势与普通儿童没有本质性的区别，不过由于受到听力损失和语言发展迟滞等影响，听觉障碍儿童自我意识的发展速度明显慢于普通儿童，处于较低水平。听觉障碍儿童通常是在进入学校环境后，随着交往对象的增多和语言能力的发展而逐步发展自我意识的。在自我评价方面，听觉障碍儿童常对自己做出负面、消极的评价。在自我体验方面，听觉障碍儿童比较容易出现焦虑、自卑等不良情绪。在自我控制方面，听觉障碍儿童表现出缺乏忍耐性，显得比较冲动。

在听觉障碍儿童自我意识发展过程中，儿童对自身身份的认同是其重要的组成部分。根据个体归属，听觉障碍儿童可以分成四类：①承认自己存在耳聋的生理现象，但不喜欢与听觉障碍者交往，渴望自己变成健听人；②承认自己耳聋，认为耳聋不是障碍，不需要改变；③理解聋文化，但不完全认同；④认同聋文化，同时也熟悉和认同健听人的文化，在两种群体中自由往来。

不认同自身的聋人身份，不融入聋人群体会导致个体缺乏安全感和归属感。而过度强调聋人身份，不考虑主流社会文化将导致听觉障碍儿童无法在社会上立足。既能认同自身聋人身份，又能融入主流社会的儿童社会适应能力最强。

（二）亲子关系

父母与子女的关系会对听觉障碍儿童的发展产生深远的影响。父母是子女的榜样，他们通过自身言行和实施奖惩措施等直接或间接地向听觉障碍儿童传授社会经验和行为准则。由于听觉障碍儿童的听力损失和语言发育迟缓，以及父母对相关知识的缺乏，家长在教养听觉障碍儿童时容易出现以下问题。

1. 过度溺爱

家长怀着补偿心理对听觉障碍儿童过度疼爱，缺乏控制，在这种家庭成长的听觉障碍儿童往往比较冲动，缺乏责任感、专横任性。

2. 忽视子女

大多数听觉障碍儿童父母都是听觉正常的人，由于各种原因，许多父母没有掌握手语，而听觉障碍儿童很难运用口语进行交流，这导致父母与听觉障碍儿童之间缺乏沟通，家长无法了解听障子女的内心，听觉障碍儿童也不愿意向家长倾诉自己的感想。也有部分家长把听障子女视为累赘，把教育子女成长的责任完全推给学校，不履行自己教养子女的义务，对听觉障碍儿童漠不关心。

家长对子女的忽视，容易导致听觉障碍儿童缺乏安全感和对家庭的归属感，容易具有攻击性和冲动性，自尊心较差。

3. 过高期望

有些家长对听障子女具有很高的期望，如能用口语交流、考上理想的大学等。家长对子女的高期望能促进听觉障碍儿童学业发展和人格发展，但如果期望过高，超出了听觉障碍儿童的能力水平，儿童就容易遇到挫折，从而对自身产生怀疑，导致自我评价过低、不自信。

（三）同伴关系

听觉障碍者之间很喜欢交流，由于大家具有共同的语言、思维方式和文化背景，所以交流起来自由融洽，彼此没有隔阂，没有社会地位的差别。一个地区的听觉障碍者很容易组成一个团体，形成聋人社区。聋人社区让听觉障碍者产生强烈的归属感，有了聋人社区支持，他们能更好地抵御社会压力。大多数听觉障碍儿童最初接触的聋人社区是聋校。在聋校里，听觉障碍儿童遇到与其同类的其他儿童，彼此之间形成牢固的同伴关系。同伴团体让听觉障碍儿童具有了归属感和依恋感。有些儿童把学校当成了自己的家，甚至连放假都不想离开学校。同伴团体通过集体的舆论对儿童产生影响，听觉障碍儿童根据团体的行为标准规范自己的言行，接受团体的价值取向，并逐步发展出集体意识。另外，与同伴的交往有效促进了听觉障碍儿童的社交技能和自我概念的形成与发展。在聋校，同学之间的关系非常密切，听觉障碍儿童之间互相影响很大。如果团体风气良好，就会有效促进听觉障碍儿童的发展；如果团体出现不良风气，将会使教育效果大打折扣。因此，教育者应注意听觉障碍儿童同伴交往的情况，避免他们受到不良听觉障碍者的影响，同时加强班风、校风建设，指导听觉障碍儿童建立良好的同伴关系，从而使同伴关系为儿童发展带来积极影响。

听觉障碍儿童进入社会后，聋人团体对他们的影响更为深入。他们的就业观、婚恋观等都受到所在聋人团体的影响。在就业方面，听障者更愿意选择拥有聋人团体的工作环境。在婚恋方面，听觉障碍者的父母希望他们与健听人结合，而他们自己更愿意选择听觉障碍者，这样夫妻双方有共同的语言和价值观，婚姻关系更为稳固。

聋人团体对听觉障碍儿童的发展具有重要影响。一方面，社会、学校和家庭应共同努力为听觉障碍儿童的发展提供更为宽容的环境，为他们的教育、就业等创造更多的机会，树立优秀聋人榜样，促使聋人社区健康发展。另一方面，教师与家长要加强对听觉障碍儿童交往技能的训练和意志力的培养，引导听觉障碍儿童学会选择良好的同伴团体，学会抵制诱惑。

目前，越来越多的听觉障碍儿童在普校随班就读，他们与周围的普通儿童形成同伴关系。有些听觉障碍儿童能与普通儿童形成良好的同伴关系，这种良好的关系不仅有利于听觉障碍儿童更好地适应主流社会，同时也会使普通儿童变得更为宽容，更能从他人角度看待问题。听觉障碍儿童与普通儿童之间的良好互动往往会对普通儿童家长甚至整个社区产生积极影响，促使普通大众对听觉障碍者更为容纳和理解。也有的听觉障碍儿童在普校就读期间受到同伴的排斥甚至敌视，这会给听觉障碍儿童身心发展带来严重伤害。听觉障碍儿童在学校期间与普通儿童交往的痛苦经历，也会使他们对健听人产生错误认知和敌对态度。听觉障碍儿童能否顺利成为班级的一员，受到普通儿童的接纳，与教师态度密切相关。教师关心听觉障碍儿童，对他们抱有接纳、鼓励的态度，听觉障碍儿童就有更多的机会融入班集体。因此，应对普通学校教师进行相关知识的培训，使这些教师成为听觉障碍儿童适应普通学校环境的最大支持者和引导者。

（四）师生关系

师生关系是人际关系中的重要组成部分。由于语言沟通问题，许多家长不能与学生进行有效沟通，所以聋校教师在某种程度上还担任着家长的角色。

1. 教师对听觉障碍儿童的影响

教师在师生关系中处于主导地位，教师的教学能力、对聋人的看法等不仅影响着听觉障碍儿童学业的发展，更对儿童的社会适应能力产生影响。

教师的教学水平与学生在学习过程中的体验有密切关系。教学水平高的教师能合理地制定教学目标，采取有效的教学措施，在这个过程里听觉障碍儿童有更多的机会通过自身努力获得成功。成功的体验有利于听觉障碍儿童正确认识自己，树立自信心。反之，听觉障碍儿童会在学习过程中遇到过多的挫折，容易产生焦虑、自卑等问题。通常来讲，教学水平高的教师更容易获得听觉障碍儿童的喜欢，师生关系更为紧密，这种密切的关系有利于教师对听觉障碍儿童产生更为积极、深远的影响。

教师对听觉障碍儿童的看法是影响师生交往的重要因素。有些教师认为听觉障碍儿童是有生理缺陷的人，按“正常人”的标准，听觉障碍儿童发展缓慢，能力不足。持有这种看法的教师认为听觉障碍儿童的能力无法与普通儿童相比，因此对他们抱有较低的期望。教师的低期望通过他们对待儿童的方式传递给听觉障碍儿童，听觉障碍儿童受此影响，把失败的原因归结为自己能力不足，因而逐渐丧失信心，缺乏继续努力的动力。由于认为听觉障碍儿童能力不足，有些教师会不自觉地对听觉障碍儿童表现出歧视态度，这不仅会伤害听觉障碍儿童的自尊心，影响师生关系，同时也让听觉障碍儿童对教师产生抵触和敌视情绪。相反，有部分教师特别是新教师忽视了听觉障碍儿童的特殊性，把他们当成普通儿童，无视听觉障碍儿童在获取信息的方式和知识储备等方面与普通儿童的差异。这类教师往往对听觉障碍儿童提出过高的要求，在教育手段、方式等方面也没有根据听觉障碍儿童的特点进行相应的调整，结果听觉障碍儿童在成长过程中屡屡受挫，出现紧张畏难等情绪。教育目标无法实现也导致教师产生急躁、焦虑等情绪，这些不良情绪又会使听觉障碍儿童更为紧张、退缩。

2. 听觉障碍儿童对教师的态度

低年级的听觉障碍儿童对教师充满了敬畏，他们对教师的话几乎是绝对服从。随着年龄的增长，听觉障碍儿童的评价能力逐步得到提高，他们对不同的教师表现出不同的态度，而且年级越高，这种态度的分化越明显。通常，教学能力强、公平、富有耐心、知识丰富的教师会受到儿童的欢迎，听觉障碍儿童也不例外。此外，手语特别是聋人自然手语掌握程度也是影响听觉障碍儿童对教师态度的重要因素。手语熟练的教师与听觉障碍儿童之间能进行良好的沟通，学生会把这样的教师看成自己人，对这些教师报以积极的反应，喜欢向他们倾诉，愿意服从他们的指导。在这方面，聋人教师占有天然的优势，听觉障碍儿童与聋人教师关系密切。聋人教师积极、健康的形象成为听觉障碍儿童社会化过程中学习和模仿的榜样。在教育过程中，有聋人教师参与往往会取得事半功倍的效果，有时听觉正常的教师煞费苦心地讲了半天道理，取得的效果可能还不如聋人教师的几句话。如果教师的手语水平不高，那么听觉障碍儿童很难接受他，师生之间就存在隔阂。在这种情况下，听觉障碍儿童往往对教师抱有防范心理，对教师持敌对态度。他们容易从消极的角度去解释教师的言行，有的儿童甚至对教师采取不合作、不配合乃至敌视的态度。

良好的师生关系是开展有效教育的前提，如果学生不信任甚至抵制自己的教师，那么就无法有效地实施教育，因此教师要采取措施努力与听觉障碍儿童保持良好的关系。教师应从社会文化角度看待“聋人”，承认听觉障碍者具有自己独特的语言、思维方式和生活体验，以全面发展的观点确定听觉障碍儿童的成长目标，运用适合听觉障碍儿童的方式展开教育，帮助他们适应社会。

第二节 听觉障碍儿童的教育

一、教育内容

大多数听觉障碍儿童在智力发展以及学习能力上都是正常的，所以其教育目标与内容必然以普通儿童课程为依据，同时兼顾听觉障碍儿童的实际情况。所谓听觉障碍儿童的实际情况，既是指这些儿童获取信息的特殊方式带来的认知、学习、交往等方面的特点，也包括他们所处的教育环境和社会环境等。

（一）扩展补偿性内容

听障儿童发展中遇到的最大问题是沟通问题，普通儿童的教育内容不能满足听障儿童发展沟通能力的需求，因此聋校在已有课程的基础上增设了沟通与交往课程。沟通与交往课程的内容主要包括感觉训练、口语训练、手语训练、书面语训练及其他沟通方式和沟通技巧的学习与训练。课程设置的目的是帮助听觉障碍儿童掌握多元的沟通方法，促进听觉障碍儿童语言与交往能力的发展。沟通与交往课程强调语言沟通的多元化，不比较哪种方法最好，只要能达到有效沟通目的的方法都值得认可。不论是口语、手语还是书面语都是沟通的好方式，体现了对听觉障碍儿童个体差异和不同需求的尊重。听觉障碍儿童通过语言发展增强与他人沟通交往的能力，最终达到适应社会的目的。同时在与他人交往的过程中，在亲身实践的过程中，发展语言能力，改变被动学习、机械训练的状况。沟通与交往课程的教学内容与方式可根据听觉障碍儿童实际情况和不同发展阶段加以选择。

（二）实施课程变通或替代

由于听力问题，听障儿童通过听觉渠道获取信息受到阻碍，因而他们比普通儿童更多地依赖视觉等其他感知通道。对此，听障儿童的教育内容与目标做了相应的调整。例如，在语文课程中，培养目标由发展听、说、读、写能力变为听（看）话、说、阅读与写作能力。

在针对听障儿童开展的艺术教育中，考虑到儿童的感知特点，律动课替代了音乐课。律动课主要针对听觉障碍儿童进行音乐教育，发展他们的音乐感受能力和舞蹈能力。与其他类型学校开设的音乐课不同，律动课利用听觉障碍儿童的残余听力，发挥运动觉、触觉、振动觉等的代偿作用，帮助听觉障碍儿童感知韵律。同时，引导听觉障碍儿童通过有感情、有节奏的舞蹈动作表现音乐的内容。律动课程帮助听觉障碍儿童掌握基本的律动知识与技能，听觉障碍儿童在感受音乐和舞蹈动作过程中锻炼身体，丰富情感，激发想象力和创造力，形成与发展审美观。律动课程是美育的重要组成部分，对听觉障碍儿童的全面发展具有重要意义。

二、教育方法

听觉障碍儿童发展离不开教育。普通儿童适用的教育原则与方法同样也适用于听觉障碍儿童。与此同时，听觉障碍儿童特有的生理特点也使他们的学习方式和教学方法具有特殊性。

（一）学习方式

1. 感觉替代

大多数人主要通过视、听两个渠道获取信息，听力损失导致听觉障碍儿童更加依赖视觉，出现“以目代耳”的现象，具有明显的视觉补偿作用。与普通儿童相比，听觉障碍儿童具有更高的视觉敏锐度和视觉搜索能力，对视觉信息的记忆能力也更好。由于听觉障碍儿童十分依赖视觉经验，因此针对他们进行教育时应充分注重听觉障碍儿童“以耳代目”的特点，给予充足的视觉信息。例如，在阅读教学中运用插图、实物等直观教具帮助他们理解课文内容；在律动课中利用手势动作帮助他们感受音乐的节律。视觉信息的呈现需要考虑到听觉障碍儿童的特殊性。首先，听觉障碍儿童对视觉细节的把握优于对整体的把握，因此图片、情境等直观教具的选择与使用要慎重。教师应围绕教学活动的重点选择和制作直观教具，减少无关信息，以免分散听觉障碍儿童的注意力。其次，听觉障碍儿童受到听力损失的影响，往往以注意转移代替注意分配，因此教师要按时间先后顺序呈现视觉材料，而且材料之间的转换不能过于频繁。例如，听力正常的儿童可以通过注意分配的方式，完成边听教师讲解边自己阅读教材的任务，而听觉障碍儿童特别是听力损失比较严重的儿童则很难完成这样的任务。因为多数听觉障碍儿童难以通过单一的听觉途径理解教师的讲解，他们往往需要借助视觉途径看话或看教师打手语的方式理解教师的语言，因此对听觉障碍儿童来说注意教师的讲解和阅读课文很难同时进行。教师如果不重视这类问题，在同一时间段内出现两个或两个以上的视觉注意对象，或不给听觉障碍儿童充足的时间进行视觉转移，听觉障碍儿童将难以获取完整的信息。

听觉障碍儿童除了具有明显的视觉补偿作用外，还具有触觉、振动觉等的补偿作用。例如，通过碰触对方引起他人的注意，通过振动的地板感受音乐的节律等。在具体的学习活动中，听觉障碍儿童往往综合运用各种感觉器官，发挥它们的补偿作用，弥补听觉损失。例如，在学习口语的过程中，听觉障碍儿童除了利用残余听力理解语言、学习发音外，还可以通过视觉观察别人的口型，通过触觉感受发音器官的振动，通过运动觉感受发音时口部的运动，在各种感觉器官综合作用下学习、发展口语能力。

2. 辅具运用

充分利用残余听力对听觉障碍儿童的发展具有重要意义。助听设备的发明与不断创新，为听觉障碍儿童接收声音、进行语言训练提供了有利条件。及时佩戴助听设备并经常进行听觉训练，有助于发挥残余听力的功能，及时在大脑中枢建立听觉回路。目前，常用的助听设备有助听器和人工耳蜗。

助听器是一种将声音扩大的设备，通过佩戴助听器，具有残余听力的儿童能够听到或更清晰地听到声音。助听器所起作用的大小取决于儿童本身听力损失情况。佩戴助听器有助于儿童发展语言能力，适应有声环境。为了保护听觉障碍儿童的残余听力，应尽快佩戴助听器，三个月左右的婴儿就可以佩戴助听器了。及早佩戴助听器有助于儿童习惯听到声音，减少青春期由于佩戴助听器引发的心理问题。助听器的配备需要经过专业人员调试验配。首先要检测儿童听力损失情况，通过听力检测师的科学检测了解儿童的听力状况，以此决定助听器的功率。对于选择配备盒式、耳背式、耳道式等传统类型助听器的儿童还要定制耳模（助听器伸入耳朵的部分），由于耳朵外形会随年龄发生变化，年龄小的儿童，耳模必须一年检查两次。

佩戴助听器之后并不意味着儿童会如同健听人一样感受到声音。助听器是将所有声音全部放大，如果听觉障碍儿童原本有某些频率的声音听不到，那么佩戴助听器后这些声音很有可能仍然听不到。例如，一个孩子听不到高频率的声音那么不论他佩戴多大功率的助听器，他仍然有可能听不到小鸟鸣叫之类的高频声音。另外，助听器放大语音信号，也会放大周围环境中的噪音，这不利于儿童在噪音环境中进行语音辨别，同时还会对儿童的残余听力造成损害。

在进行集体教学时，为了达到更好的效果可以使用集体式助听器。集体式助听器主要包括有线式、无线调频式、闭路感应式等类型。集体式助听器能增加助听效果，某些集体式助听器在提高语训清晰度的同时，还可以给予师生更大的活动空间，如无线调频式和闭路感应式助听器不仅可以在专门的语训室内使用，还可以在操场、公园等户外场所使用，不受场所、人数的限制。

3. 信息技术的运用

信息技术的发展给人类社会带来了巨大的变化，听觉障碍儿童从中受益匪浅，主要体现在听力检测、听力语言康复训练以及教学方面。在听力检测方面，通过计算机分析不仅可以评估听觉障碍儿童的听觉功能，还能帮助他们选择和调校助听器。在听力语言康复训练方面，多媒体课件生动、形象，可重复使用，运用多媒体课件既可以帮助听觉障碍儿童理解语言，丰富知识，又能激发儿童学习语言的兴趣，为他们模仿说话或进行口语表达创造条件。近几年，专业人员为听觉障碍儿童开展语训活动专门开发了一些言语训练可视软件，通过运用这些软件，听觉障碍儿童可以通过具体的影像矫正自己的发音。在教学上，运用计算机教学媒介，教师可以为听觉障碍儿童提供图文声一体的信息，为听觉障碍儿童创造接近现实、可以互动的情境。听觉障碍儿童在逼真的情境中学习，可以有效地提高学习效率。为了更便捷地进行课堂交流，专业人员还开发了一些计算机辅助技术，如言语文本翻译服务器，通过这种服务器，打字员可以把师生的交流快速地呈现在电脑屏幕上，这样可以减少学生对手语翻译员和看话的依赖。输入的信息能以文件的形式保存下来，有利于听障儿童课后复习。此外，听障儿童可以通过互联网接触大量信息，并通过聊天工具、微博、电子邮件等与他人沟通，发展阅读和写作能力。尽管如此，目前，专门为听觉障碍儿童设计和开发的信息技术还不能满足实际需求，还需要专业技术人员和听障儿童教育工作者对此投入更多的关注，相信未来信息技术会对听觉障碍儿童的发展产生更为深远的影响。

（二）教学方法

自听障儿童教育产生以来，语言教学成为听障儿童教育的核心内容之一。语言不仅是教育的工具，同时也是教育的内容。运用哪种语言媒介以及如何进行语言教学一直是听障儿童教育界探讨和争论的主题，最为典型的是手口之争，即口语法与手语法孰优孰劣的问题。在两百多年的探索与实践过程中，由于理念不同，听障儿童教育领域围绕沟通方法和语言教学方法逐渐形成口语教学法、手语教学法、综合沟通法和双语教学法等多种教学方法。下面重点讲述综合沟通法和双语教学法。

1. 综合沟通法

综合沟通法又被称为全面交流法、综合交际法。综合沟通法“要求把适当的听觉、手语和口语交往方式综合起来运用，以保证同听觉障碍者以及在听觉障碍者之间进行有效的交往”。综合沟通法并不倾向于哪种沟通方法，而是综合运用手语法、手指法、口语法、听话法、板书法、笔谈、触觉法、阅读法、图画法、实物等方法开展教学活动。综合沟通法的倡导者认为几种方法的综合运用，特别是口语和手语同时呈现有利于听障学生运用其中的一种或两种方式进行交流。为了促使学生发展阅读与写作能力，实际教学中教师力求做到手口一致。

综合沟通法借鉴以往各种教学方法的优点，充分考虑听障儿童的个体差异和需求，因而在实际教学中应用很广。然而，综合运用多种沟通手段进行交流的愿望是美好的，但要实现这种愿望并不容易。人们发现，在许多采用综合沟通法的课堂中师生之间的交流并不顺畅，教师难以同时关注口语和手语，因而呈现的语言信息是间断、不完整的。另外，许多人对“手口一致”提出了质疑，认为手语和口语是不同的语言，同时呈现两者是不可能的，按口语的语序打的手语并不是真正的手语，对听障儿童学习语言意义不大。

2. 双语教学法

聋双语教学是指在聋校教育中，让聋生学会聋人手语和本国语（书面语和口语），能使用这两种语言学习文化知识，能用两种语言进行交流，成为平衡的双语使用者。在聋双语教学实践中，本国语言（书面语和口语）和聋人手语都是学生学习的内容。聋人手语学习通常包括手语语法知识、手语与本国语的比较、语言与交流技能、聋人文化等。本国语言学习侧重于阅读理解与书面语表达，聋双语教学的提倡者确信使用聋人手语能够帮助听障学生提高他们的阅读和写作水平。

聋双语教学的倡导者将聋作为一种文化和语言的差异，而不是将它看作一种残疾，他们认为聋人手语是聋人的第一语言，主流社会的有声语言是聋人的第二语言。两种语言既可以同时学习，也可以先学习聋人手语再学习本国语。聋人手语即听障儿童的第一语言能有效促进儿童的社会化发展和认知发展，在此基础上听障儿童就能运用相关技能学习第二语言。另外，聋双语教学重视聋人教师的作用，健听教师与聋人教师的合作被认为聋双语教学获得成功的重要基础。目前，有关聋双语教学有效性的实证研究仍不够丰富，人们对它还持有不同的看法。

听觉障碍儿童是一个特殊的群体，在这个群体中个体差异十分显著。到目前为止，并没有哪一种方法能够适合所有的听觉障碍儿童。在教学中我们应该把听觉障碍儿童的需求放在首位，根据听觉障碍儿童的个体能力和特殊需求灵活选择教学方法，只有这样才能真正促进听觉障碍儿童的发展。

第三节　听觉障碍儿童教育的课程建设

一、聋教育专业课程设置探讨的必要性

聋教育专业广义上包括以聋人为教育对象的专业和培养聋人专门人才的专业，前者是我们常说的聋人高等教育，是残疾人高等教育的重要组成部分，后者是为特殊学校、康复机构、残联机构等单位输送专门的聋人教育、康复、科研、管理以及就业等服务的专业人才。本节所谈到的聋教育专业是指后者，探讨的是高校聋教育专业的课程设置问题。聋教育专业课程设置并不是一个独立的问题域，对课程的探讨离不开对专业设置和培养层次的分析。

（一）聋教育专业设置的探讨

基于对特殊教育对象变化的分析、对特殊教育多学科合作趋势以及高校发展规律的认识，笔者认为特殊教育专业设置可能的发展方向是专业化，如根据某类特殊儿童或某类服务来设置专业或专业发展方向。这是一个相对宏大的研究问题，本节仅以聋教育专业为例，探讨在专业化发展趋势下的专业设置和课程设置问题。

1. 特殊教育专业设置多元化的必要性

（1）特殊教育对象的变化影响专业设置

促进特殊儿童的发展是特殊教育师资培养的最终落脚点，特殊教育对象的变化及诉求直接影响了特殊教育专业的设置问题。特殊教育对象的变化主要表现在两个方面，一是范围越来越广，程度越来越重。长久以来受到较多关注的是盲、聋、智障三类特殊儿童，随着特殊教育对象范围的扩大，学习障碍、脑瘫、自闭症等障碍类型儿童的教育与康复逐渐成为特殊教育领域的研究重点，希望能适应各类儿童教育教学的人才培养模式越来越不适应社会需求。特殊儿童的残疾程度加重，反映在人才培养方面，需要加强知识和技能培养的针对性和细致化。而我国本科阶段大多数未做专业的划分，课程设置综合化，课程内容偏重综合化和理论性，对各类儿童的各类特殊教育课程都有所涉及。因此，在特殊教育对象的范围、障碍程度的变化的背景下，特殊教育专业设置应该做出改革，针对某类儿童或者某类服务进行专业设置。二是教育需求更多样，服务领

域更宽广。特殊教育事业已不仅仅是出于人道主义对特殊儿童的慈善救济，而是和谐社会下公民平等权利充分实现的保障。特殊儿童家长也越来越重视教育在特殊儿童发展中的作用，对教育也提出了更高的要求。同时，社会为特殊儿童提供的服务范围不断扩大，特殊儿童教育、康复、就业所涉及的方面越来越多，需要高等特殊教育增加一些新的专业方向，培养一些社会急需的、具有专业技能的特殊教育应用型人才。这也对特殊教育专业设置的专业化提出了要求。

（2）学校间的差异性影响专业设置

从学校发展规律上来说，每一所学校都具有不同的发展轨迹。学校的办学定位、师资力量、教学传统、研究成果差异的不同，组合形成了这所学校特有的内涵，这也体现在专业设置和课程设置中。地区对人才的需求会反映在学校的专业设置以及培养目标上，进而影响课程设置；学校的优势学科、办学传统以及教育资源也会影响课程的设置。所以说，师范类或综合类院校在设置特殊教育专业和课程时，单一模式是不可行的，而应当根据社会需求，结合学校优势以及教学资源，确定专业发展方向。不同学校、不同资源的多样化组合必定导致专业设置的多样性。

2. 聋教育专业设置的多元思路

以聋教育专业设置为例，我们可以从两个维度来考虑，一是存在形态是附属于其他专业还是作为独立专业；二是以哪门学科作为专业背景。存在形态方面，附属于其他专业、作为专业方向而存在的聋教育，被称为“附属形态的聋教育”；作为独立专业而存在的、有自身发展方向的聋教育，被称为“独立形态的聋教育”。当前，我国的聋教育专业多是附属形态，如南京特殊教育职业技术学院的特殊教育专业就有智障、听障、视障和学障四个大方向。学科背景方面，聋教育专业的设置也可以有多种选择，如教育学、心理学、医学、艺体类学科（如艺术学、体育学）等，不同的学科背景影响了专业的发展方向与侧重点。不管何种存在形态，聋教育专业都不可避免地受学科背景的影响，但影响机制是存在差异的。学科背景对附属形态聋教育专业的影响机制是有中间环节的，其影响力通过聋教育所附属的专业（如特殊教育专业）来实现。而对于独立形态的聋教育专业，学科背景则起直接影响作用，并进一步影响下属的专业发展方向。

（二）聋教育专业设置、培养层次与课程设置的综合探讨

有学者指出，特殊教育专业的“专业必修课是兼容并包的，只要和特殊教育有关的知识都被罗列到各校特殊教育专业的课程计划中，而且单门课程的划

分很细碎”。这样的课程设置体系存在明显的两个缺陷：一是课程效果难以保证，在三年或四年的时间内修完这些课程是很吃力的，开设的课时也难以保证；二是课程之间的内在逻辑性弱化，在培养方案的编制过程中，特别应当关注课程之间以及各个不同组成部分之间的逻辑关联性或相互之间的统合性，而只根据专业相关性网罗所有的课程容易存在散、乱、杂的问题。因而，根据专业存在形态以及培养层次来设置课程体系可以较好地解决上述问题。

1. 专业设置与课程设置

聋教育专业从存在形态上划分为独立形态的聋教育和附属形态的聋教育，而且学科背景对两种形态的聋教育专业存在不同的影响。附属形态聋教育和独立形态聋教育的实质差异以及不同学科背景对不同存在形态聋教育的影响都要靠课程来体现，专业存在形态的独立与否要靠课程的精细与否来体现；不同的学科背景要靠课程的属性来体现。在某种程度上，专业是课程的一种组织形式。

2. 培养层次与课程设置

培养层次间的差异也体现在课程的数量、内容以及课程比例上。三年制的专科人才培养的课程总量要低于本科层次，研究生自我探究、项目研究内容较多，因此课程数量也不多。在内容的选择上，专科课程主要是解决怎么做的问题，本科课程还要使学生了解为什么要这么做，研究生课程更注重学理上的探究，相比于专科、本科的课程体系宽广的知识面，研究生更注重课程内容的纵向挖掘。课程比例上，专科人才课程体系中教学技能类的课程比重相对较大，并注重专业实习的开展，而研究生课程中专题研究的比重较大。

二、附属形态的聋教育课程设置

对于附属形态聋教育课程设置的思考，更多的是出于对所依附学科背景的分析，聋教育所附属的学科多样，涉及教育学、心理学、医学、艺术学、体育学等，不同的学科背景影响聋教育的发展重点，结合培养层次的差异，形成不同的课程组合。

（一）附属于教育学

在特殊学校担任学科教学是特殊教育专业毕业生的多数选择，因此，特殊教育专业大多是以教育学为主要学科背景的。在此学科背景下，专科人才偏重教育技能的培养，包括普通教师所需的技能以及特殊教育教师必备的技能，对应的课程可以包含聋校教师语言、教学设计、聋校课堂管理、聋校教学法、手语、语言与沟通训练等。与专科相比，本科人才的课程特点体现在知识与技能并重，像聋生心理与教育、聋生学习心理与教学、聋校教学方法的应用与优化等课程应包含进来。研究生应更多地从问题着眼，如聋生的语言获得机制以及语言教学策略、语言训练软件的开发与应用等。

（二）附属于心理学

特殊儿童的心理研究对于整个特殊教育发展有很大的作用，对于特殊教育教师而言，了解特殊儿童的心理活动特点，对于教育教学活动具有指导意义。聋教育既然可以附属于心理学，就应该发挥其学科特长，加强对聋生心理的研究，突出聋生心理在教学中的应用，并对聋生、聋校教师和聋生家长予以咨询和辅导。

在此培养目标下，专科人才的课程在保证一般理论学习的基础上加强应用类课程的学习，如聋生心理在课堂教学中的应用、聋校的心理健康教育、聋校的心理咨询、聋生心理调适等，本科生的课程应包括聋生心理概论、聋生心理研究前沿、聋校班级中的心理效应等，研究生课程需要对聋生心理活动进行深入探讨，如聋生心理的特殊性及表现等。

（三）附属于医学

医学的优势在于能从生理上或者病理上对特殊儿童的障碍做出解释，并提供进一步康复的依据。医学在特殊教育中的作用越来越得到重视，《“十三五”加快残疾人小康进程规划纲要》在残疾人民生兜底保障重点政策中提出了残疾儿童康复救助制度，即要“逐步实现0～6岁视力、听力、语言、智力、肢体残疾儿童和孤独症儿童免费得到手术、辅助器具和康复训练等服务”。对于聋生来讲，康复是进一步接受教育和适应社会的重要基础，尤其在学龄前阶段和低年级阶段，康复的作用极为重要。当然，在“医教结合”背景下，聋生的康复工作和教育工作是密不可分的，因此有学校专门设置教育康复学。

医学背景下的聋教育专业具有较强的专业属性，理论和实践的联系更为密切，本、专科生应用性、综合性的差异并不明显，在课程体系上都应该包括与聋教育相关的医学类课程，如耳科学与脑科学、病理学、听力学等，还应包括与聋教育相关的康复类课程，如评估类课程、测量类课程、矫治类课程等，并保证课程实习和专业实习（见习）的时间和效果。而研究生开设的课程应包括聋生的病理学研究、聋生医学康复手段的研发、聋生康复的支持体系研究以及医教结合背景下聋生的康复与教育等。

（四）附属于艺体类学科

聋人艺体活动不仅对聋人的身体保健、自信心提升和社会交往具有重要意义，而且是残疾人平等参与社会生活的重要内容，如国际聋人体育联合会的宗旨是：通过体育达到平等，并积极组织聋人的体育竞赛。舞蹈、美术等艺术形式在聋人群体中也深受欢迎，武汉市第一聋校将舞蹈艺术教育作为学校的特色，培养了一大批艺术表演人才。为使聋人的生活丰富多彩，并进一步开发艺体活动在聋人生活、学习以及社会交往方面的潜力，我们需要依托艺术学、体育学培养专门的聋人艺体活动的参与者、教学者和组织者。

在课程设置方面，专科生要掌握活动本身所需要的专业技能，以聋人舞蹈为例，律动、形体训练、基本功训练都是必备技能，还要开设聋生舞蹈教学的方法类课程，如聋生感知音乐、把握节奏的方法等。而本科生还是要兼顾理论和实践，以体育为例，除体育项目的实际教学外，还应开设相关的理论课程，如残疾人体育概论、残疾人体育运动项目与规则、残疾人医学和功能分级、特奥会与残奥会的教学专题等。研究生的课程要关注聋人某项艺体活动的教育与研究，并积极探索新的艺体活动类型。

三、独立形态的聋教育专业各方向的课程设置

独立形态的聋教育是相对理想化的，并没有在当前的特殊教育专业设置中体现出来。在考虑课程体系时是从专业方向出发的，即不同的专业方向需要不同的课程来支撑。当然，这不可避免地也受到学科背景的影响。

（一）聋校教学

有研究发现，“聋校教师的学科素养不理想，也未能掌握聋生学习语文、数学的特点”。因此，这些年特殊学校（尤其是聋校）已经表现出更愿意挑选数学、中文、计算机等专业的大学毕业生，缺乏学科课程知识与技能的特教专业学生已不像原来那样被看好。这与当前单一的专业设置、非定向的培养模式密切相关，但如果聋校教学作为聋教育专业的方向固定下来，专业化的聋校教师培养就成为可能。

课程设置上，专科生的培养重点还是在应用类技能的培养上，与附属于教育学科背景下的聋教育相比，两者的差异性在于聋校教学方向的课程设置更加精细化，如聋生课堂多种教具的制作等，甚至针对某门学科的教学设置课程，如聋生的语文（数学、英语）教学法等。本科生的课程划分也更细致，可以开

设聋校教材导读、聋校教学案例赏析、聋校活动组织、聋校学科教学法等课程。研究生的课程应围绕如何更好地进行聋校教学来组织，进行教学方法的改进和教学水平提升等方面的研讨。

（二）手语

手语是聋生的母语，聋生更多地通过手语进行交流和学习。而我国并没有建立一套专业的手语标准与规范体系，词汇量不够丰富，手语的地方差异性太大，在一定程度上影响了聋校的教学，影响了学校之间、地区之间的交流与合作，手语应该走向专业化的发展道路。《“十三五”加快残疾人小康进程规划纲要》提出“开展通用手语和通用盲文研究与推广，建立国家通用手语、通用盲文语资料库与标注化协同工作平台”。独立形态的聋教育专业培养方向中，手语理应占据一席之地。

手语的使用熟练程度分等级，手语翻译师共有五个职业等级。手语方向的专科、本科、研究生除了技能、知识、研究的侧重之外，还有手语熟练程度上的差异。例如，专科生开设基础的手语课程，如手语语言学入门、手势动作图解符号说明、中国手语初级实验教材、初级手语翻译等。本科专业的课程设置除了包含手语理论类课程，如中国手语研究、外国手语研究等，还应在课程的难度上有所增加，在初级课程的基础上增加中级甚至高级类的课程，如专业手语翻译技巧等。研究生的手语课程应在专科、本科层次上更上一层，并通过形体、礼仪以及表演类的课程增强手语的专业性和表现力。研究生层次手语专业人才的另一个发展是加强手语研究，包括聋人自然手语与标准手语，构建手语的标准化体系。

（三）语言康复

该方向课程应该围绕着语言康复的内容来组织，语言康复主要包括听觉训练、发音训练、语言训练和交流表达训练等。因此与四大训练内容相关的课程内容都可以纳入进来，不同培养层次有不同的课程选择倾向，专科生注重训练方法的掌握与应用，本科生还应尽可能地了解训练方法的知识系统，研究生还得担负着训练方法的开发与优化任务。语言康复方向的课程设置还可以借鉴国外的一些经验，如俄罗斯的“言语障碍矫正专业”开设的专业课多达22门，其中12门具有相当强的专业色彩，分别是言语矫正学及其历史、言语心理学、言语损害儿童教育体系、小学俄语教学法、小学数学教学法、自然教学法、造型艺术活动教学法、手工劳动教学法、言语障碍矫正律动、心理教育实习、专门化课程和由学校或系确定的专业选修课。从课程设置中我们可以看出，俄罗斯“言语障碍矫正专业”课程设置上不仅包含了言语矫正的基本理论和实践操作，还设置了关于教学法的大量课程，可见，言语矫正与康复是要贯彻到教学过程中的，这对我国语言康复人才的培养具有较强的指导意义。

（四）聋人文化

聋人文化是聋人群体得到广泛认同的文化，正如我们中华儿女对中华文化具有强烈的归属感一样，聋人对聋人文化也有极强的归属感。聋人文化对于聋人的生活状态、生活方式具有重要影响，是残疾人文化和社会文化的重要组成部分，而我国聋人文化的研究十分薄弱，因此有学者从七个方面阐明了在中国开展聋教育的必要性，认为开展聋人文化能为聋教育的进一步发展和改革提供依据；是拉近与世界的距离的需要；是随班就读实践的需要；是开展双语双文化教学的内部要求；能够使聋人群体得到更多的关注；有助于聋人提高自我意识，以争取更多的权利；发扬人本主义教育理念。聋人文化确实需要一批研究者、一批倡导者和一批践行者。因此，在聋教育专业培养的人才中，应当有一部分聋人文化领域的专业人员，为中国的聋人文化建设提供人才支持。

聋人文化方向的课程应该更多地从文化学、社会学以及公共事业管理的角度建设，将聋人文化放在更广阔的文化视野中，在彰显聋人文化特色的同时，加强聋人文化与其他文化系统的融合。在具体的课程设置方面，专科学生更应该从实践层面促进聋人文化的发展，开设的课程包括聋人文化活动的策划、执行与监控、聋人的社会保障等；本科生的课程可以包括聋人文化概论、聋人的身份认同、国外聋人文化的建设等；研究生还要促进聋人文化研究工作的开展，开设的课程如聋人文化的形成机制、聋人文化对聋人群体的影响、普通人视角下的聋人文化研讨等。

第四节　听觉障碍儿童教师的专业素养

一、聋校教师的角色

教师从开学的第一天进入教室开始，就被几十双眼睛注视着，他们是处在最严的监督之下进行着教育教学工作的。学生对教师的言行特别敏感、格外注意，并表现出自己的态度。有的学生对教师尊敬、顺从、亲切，有的不即不离；有个别学生则对教师“敬而远之”，也有的学生故意要试探一下教师水平的高低；甚至还有对教师抱有敌对态度的学生。聋校的学生虽然表现得不这么“个性化”，但多半也会有各种不同的态度。此外，社会公众和家长也会从不同角度看待教师。

美国心理学家索里和特尔福德把教师在各种活动中扮演的角色可归纳为八种。这八种角色都在聋校教师身上得到充分的体现。此外，还有一种角色是聋校教师特有的，那就是“语言的启蒙教师”。

（一）家长的代理人

“告状式”的家访和“算账式”的反馈都应极力避免。多站在家长的立场来思考、选择教育方法，不用他们不能接受和理解的方法对待学生。向家长通报的内容，能得到认同，使他们明白，这对学生未来的发展至关重要，而不是吹毛求疵或小题大做。对于差生的问题，也不要一下子与家长摊牌，注意家长的可接受程度，既要报喜，又要报忧。要提高家长教育子女的认识，增强其教育子女的信心，帮助其改进教育方法，提高其教育技巧。要充分考虑到家长因手语不通与孩子沟通不畅的特殊困难，教师应起到一个桥梁作用。弥合因沟通不畅造成的隔膜。在学生面前适当夸大与家长的亲密合作的关系，也会促进学生更亲近教师、信任教师，按照教师的要求去做。

学生一入学，就发现一个有父母特点的权威人物主持班级工作，自然就把与父母联系着的希望和要求迁移到这位教师身上，用在家时对待父母和兄弟姐妹的态度和反应方式来对待教师和同学。比如，在家庭中为了满足某种需要，用哀求、发脾气、威吓的方式，在学校里最初也采用同样手法。而教师和同学不同于父母和兄弟姐妹，学生逐渐意识到他们的区别，懂得了在家庭中允许的任性，在学校就不允许。因此，有经验的教师对新入学的学生，总提醒他们学会过社会集体生活，心中要有他人，懂得爱和合作。教师虽然也以爱和善为出发点，但其教育措施和处理问题的方式要恰当。学生为了赢得教师的关心和爱，就必须努力表现，改变自己不恰当的反应方式，适应学校和教师的要求，向社会化方向前进。

大多数教师都兼当了父母的角色，对学生充满着期望和热情关怀，把父母的角色扮演得很愉快、自然、逼真。教师的这一角色，要求教师要与家长很好地合作。对优秀生和差生的家长要一视同仁，不要冷落差生的家长，甚至要多花费些时间和精力，主动与他们沟通情况，不要把学生的缺点、错误简单地归于家长的不良影响或因学生落后而指责家长教育失误。家长是学生的第一任教师，最了解学生，多听家长的意见，更好地了解学生成长的过程和影响因素，切不可把家长讲述的内容当作把柄来指责学生。

（二）语言的启蒙教师

这是聋校教师特有的角色。目前在我国，听力障碍儿童学前教育尚不普及，绝大多数家庭中父母往往又不懂得如何教孩子学语言，且多半家长也是等待孩子到了学龄期，把孩子送到聋校，由教师去教。这就使得听力障碍孩子的语言启蒙教育推迟到进入聋校之后。这一任务也许会随着学前聋儿的听力语言康复工作的推广乃至普及而逐渐减轻直至卸任。但是，目前这副担子仍然很重，且责无旁贷。尤其要强调一点，语言启蒙教育不应看作语训教师一人的责任，在校内，全体教职员工都有责任。出了学校，家长也有责任。家长的作用，不可小视，在某种意义上，家长的作用是教师代替不了的。所以，家长在送孩子进聋校之前那种等待心态，在孩子进了聋校后应及时扭转。家长工作的主导方面在教师，从家长态度的改变到训练方法的掌握，都需要教师宣传和传授。有的地方采取举办家长学校的办法是可借鉴的。总之，当好聋儿语言启蒙教师的角色，关系到聋儿的一生，放松和敷衍是不可原谅的。

（三）知识的传授者

教师是知识的宝库，是活的教科书，是足智多谋的人，是发动、指导和评定学习及负责学习进行的人。教师要把大部分时间用在将知识和技能传授给学生上，担负起授业解惑的任务。但是，传授知识并不只是把知识呈现给学生或简单地告诉学生答案，教师应该成为学习活动的指导者。听力障碍学生学习不好，往往是因为不会学习。教师应当帮助他们，教会他们通过预习抓住难点，以便课堂上集中精力弄懂，课下不会就问，先复习后做作业。

帮助学生主动学习，珍惜时间，学会安排时间，告诉他们通过什么方法，在何处，怎样找到答案，不要学生刚一提出疑问，就马上详细地把答案告诉他们，而要让他们细心琢磨，反复思考和联想，只给他们指出解决问题的方向，留下思考的余地。教师不仅使学生学会，而且要使学生会学。不给学生现成的“金子”，而是教给他们“点金术”。教师要把主要精力用于指导学生学习、端正学生学习态度和提高学习技巧上，组织一些学习经验交流会，提高学生学习能力，开发学生智力。

教师若想成功地扮演知识传授者的角色，自己必须精通业务，有渊博的专业知识和精湛的教学艺术。除了具备一定水平的知识储备之外，教师还应具备各种特殊能力。教师要有分析教材、处理教材的能力，要将新的教学内容和学生已有的知识经验紧密结合起来，新旧知识的亲和力越强，学生就越感兴趣，就越容易接受、保持和运用。教师还要有思维的条理性、逻辑性以及富有表现力的各种语言形式相配合的能力。所罗门认为，学生知识掌握程度与教师表达的清晰度有显著相关。希勒认为，教师讲解内容含糊不清影响学生学习成绩。诺尔认为，教师思维流畅性与他们教学效果等级有显著相关。由此可见，教师讲解问题一定要有理有据、准确、逻辑性强。教师组织教学活动一定要注意系统性、条理性，还要有诊断学生学习困难的能力，这是特殊教育中制定“个别化教学计划”时所需要的基础功底。教师的教学方式要灵活多样，教学态度要认真，做到诲人不倦、百问不厌，要谦虚、不摆架子、不炫耀自己，以欣赏的态度鼓励学生去争论一些有疑惑的问题。

教师对所教的学科和教学活动，要有饱满的热情和浓厚的兴趣，认真钻研、不断完善和改进自己的教学方法，经常总结自己和他人的经验教训。学生被教师热情的工作所感染，被教师精益求精的工作所激励，就能自觉地去学习。学生在教师热情鼓励下，将激发起创造精神。瑞安斯的研究表明：有激励作用、生动活泼、富于想象并热爱自己所教学科的教师，其教学成果较为显著。在教师激励下，学生的行为更富有建设性。可见，教师能否引起学生的学习兴趣，能否激发起学生的求知欲，对于教学是否成功有重要作用。不少科学家都能追忆起，教师是如何在他们学生时代的幼小心灵里，播下对科学产生兴趣的种子，教师当年所给予的赞赏和接纳，使他们终生难忘，激励他们以后闯过科学道路上的一道道险阻难关。由此可见，激发学生热爱学习的欲望，激励他们在智力活动中表现自己，并把那些“无动于衷”的学生从惰性中解救出来，这是教师重要的责任。

二、聋校教师应具备的心理品质

（一）认知方面的品质

教师一定要有敏锐的观察力，这是了解学生的根本。师生间许多隔阂，都是由于双方互不了解所致。尤其是聋健之间的沟通，语言上的阻隔，要靠观察入微来弥补，教师一定要学会从隐蔽的、稍纵即逝的细节中，发现学生有重要意义的内心活动，从蛛丝马迹中掌握事物的本质，经常仔细地观察学生面部表情、行为举止、体态、衣着乃至声调的细微变化，“视其所以，观其所由，察其所安”，从学生反常情绪、异样的眼神、急促的喘气声、牢骚话中发现问题所在，从班级的某些微妙的变化中，诊断出存在的不安定因素，因势利导地做好预防工作。禁于未发是一种极为可贵的能力，解决了潜在的问题，避免了事后对犯错误学生的批评。敏锐的观察力能使教师对教室每个角落发生的大小事件，都能时时了如指掌，学生的一举一动都难逃过自己的眼睛，就是背过身子在黑板上写字，也不会认错搞恶作剧的学生，能及时瞄准对象，制止事态扩大。

1. 教师要有良好的记忆力

记得多、记得牢、记得准、记得快。如果教师对教学内容记得滚瓜烂熟，学生会从内心会钦佩教师并模仿和赶超教师。如果教师能第一次见面就叫出某个学生的名字，说出他的优点、特长和事迹，学生就会非常高兴，把教师当成最了解自己的人，愿意完成教师布置的任务。

2. 教师要有良好的思维品质

良好的思维品质表现为以下几个方面。

①思维的广阔性，善于全面地考察问题。比如，学生旷课，教师要考虑到各种原因，有的学生是为了反抗教师过分严厉压制和逃避处罚而旷课。凡此种种，教师必须心中有数。

②思维的深刻性，善于透过问题的现象而深入问题的本质。比如，从高年级学生在课堂上常有不愿意发言的现象中，教师要透过这一现象看本质：由于学生自我意识的发展，生怕说错了给教师和同学留下不好的印象，不再追求因积极发言而得到的教师表扬，听听别人的发言，更有利于问题的掌握，因此，常坐在下面“按兵不动”，这是心理发展的结果。

③教师的思维要有敏捷性，能迅速地做出反应。比如，当发现学生目光呆滞、淡漠时，教师马上就要着重强调或放慢速度，令其深思。

④教师的思维要有逻辑性，思维的逻辑性指思维能遵循逻辑的规律。思维逻辑性强的教师能够自觉地服从思维逻辑规律，使自己的思想首尾一贯、不相矛盾，结论正确。对事件的推断不以偏概全，而以事实为根据、以原则为准绳、说话办事滴水不漏，处处显示出逻辑的力量。最后，教师的思维要有独立性，要听取学生的正确意见，但要有主见，不能轻易地改变初衷，朝令夕改。

3. 教师要有丰富的想象力

具有丰富想象力的教师，不仅了解学生的学习现状，而且能根据学生的特点，预测他们的发展前景，给予某种教育影响。具体地分析每一个学生，为每一个学生指出一条符合他实际的成功之路，以高度个别化的方式应用一般规律。别人的宝贵经验，也不一定完全适合自己。因为没有绝对相同的教师，也没有绝对相同的学生。只有创造性地工作，不强求一律，让学生各得其所，体现出各自的价值，享受到生活中的欢乐，才是成功的教育。这就需要教师具有丰富的想象力。这种丰富的想象力是与思维过程中的分析、综合判断、推理以及丰富的实践经验分不开的。

（二）意志方面的品质

教师要有良好的意志品质。为把学生培养成适合现代化需要的人才，要自觉地克服困难，这就要求教师有百折不挠的毅力，有坚定的原则和信念，态度严肃、认真而又诚恳、明朗，措施果断又以理服人，要刚中有柔，把当机立断和深谋远虑结合起来，也要柔中有刚，在积极和善的态度中蕴藏着坚定性，既不要冒失、草率，也不要优柔寡断。

教师对该追求的目标一定要追求到底；对不该追求的目标，一定要管住自己，有非常强的自制力。在与学生交往过程中，在受到学生攻击和被学生所厌弃的时候，一定要有极大的克制力，绝不能意气用事地对待学生的不礼貌行为，对学生不能采取报复措施，不能用体罚、羞辱、挖苦、讽刺和孤立等手法来对待学生，要记住任何时候都不要与学生对着干，防止矛盾激化。

教师在受到学生攻击时，不要被激怒；面对学生的恶作剧时，不要受挑逗。如果教师能渡过混乱、紧张和受仇视的时期，能不陷入敌对、慌乱的状态，泰然处之，那么，这位教师就仍然能扮演朋友、顾问和领导者的角色，坚守住自己的岗位。有的教师习惯于将矛盾上交，总找校长、主任为自己撑腰、压阵，这在学生眼里，是教师败下阵来求救兵的表现。其实，教师不要把自己的意志强加于学生，让学生立刻屈从。有时，教师要求学生将自己的意见仅当作信息考虑，反而会收到意想不到的效果。

三、教师的威信

（一）教师威信的作用

教师都希望自己在学生心目中享有崇高的威信。它是学生接受教育的基础和前提，具有强大的教育力量。因此，赫尔巴特才说：“绝对必要的是教师要有极大的威信，除了这种威信外，学生不再重视任何其他的意见。”教师越有威信，对学生的言行制约性就越大，越能明显地影响着全班同学，甚至不需要每次都证明自己是正确的，学生就确信教师讲授和指示的真实性和确切性，表现出掌握知识和执行指示的主动性、自觉性。正如加里宁所指出的那样，如果教师有威信，那么，教师的影响会在学生身上留下痕迹。

（二）影响教师威信形成的因素

1. 客观因素

影响教师威信形成的客观因素包括社会、学生家长、校长、学生对教师的态度，其中最重要的是社会对教师的态度，因为大气候决定小气候，社会环境和氛围影响着每个人。教师的社会地位，包括社会舆论导向和劳动报酬多寡，而在现阶段，提高教师的物质待遇应是影响教师威信形成的更现实的因素。否则，教师这一职业就难以成为人们关注、向往、追求的职业，教师在每个人心目中的威信就不会那么高。

2. 主观因素

影响教师威信形成的主观因素是多方面的，主观因素对该教师威信的形成起着根本性的作用。其主要表现在：①教师要有高尚的道德品质和优良的思想作风，它渗透和体现在教师的一言一行中，使学生产生由衷的敬爱感，能吸引或诱导学生去模仿。②教师要有渊博的知识和非凡的才能。知识丰富是一种力量，容易得到学生的信任，才能超群才能保证事业的成功，能赢得学生的敬佩。③教师应是一个多面手，聋校教师尤其需要，如会即兴表演、会简笔画、富有表现力的手语，大小事情都会几手。④爱学习、爱思考，对新事物敏感，具有观念更新、知识更新的自觉性和能力。⑤教师要与学生建立深情厚谊，关心、爱护学生，平等相待，使学生感到教师和蔼可亲、师生关系融洽，没有心理距离，教师的威信就容易形成。⑥教师的仪表、生活作风和习惯，也是影响威信形成的因素。⑦教师还要注意自己给学生的第一印象。教师第一次与学生接触，留下了愉快的印象，借助光环效应，以后就“一好百好”，以善意猜测教师。如果第一次留下不愉快的印象，也借助光环效应，以后就“一坏百坏”，以恶意猜测教师。因此，第一印象对教师威信形成起着重要作用。

教师的威信是在与学生交往中、教育和教学实践中逐渐形成的。教师必须在各方面都做得相当完满，并且没有被学生明显指责的缺点、错误的教师，才能在学生中享有威信，同时在这部分学生中享有威信的教师，不一定在那部分学生中享有威信，或者这方面享有威信，在那方面没有威信。各个方面在全体学生中都享有威信的教师，是不存在的。教师的威信不容易获得，难以保持，容易丧失。教师有件事情办得糟，事后又处理得不好，威信就会一落千丈。要想保持自己的威信，教师必须时时、处处、事事心中都有学生，正确地对待自己，不断完善自己。教师在犯错误以后，必须向学生讲清犯错误的原因、背景、条件、过程和改正的决心、方法，得到学生的谅解，才能保持威信。

第八章　特殊教育中的视觉障碍儿童教育与师资建设

随着人们对个体平等权利的伸张，以及对教育公平的诉求，特殊教育日益受到关注，更多的人参与到特殊教育的领域中来，更多的特殊儿童能够有机会享受到受教育的权利。本章主要包括视觉障碍儿童的特点、视觉障碍儿童的教育、视觉障碍儿童教育的课程建设、视觉障碍儿童教师的专业素养四部分。其主要内容包括视觉障碍概述、视觉障碍儿童心理问题产生的原因、教育内容、教育方法、盲校教师专业素养构成的特点、盲校教师专业素养内涵系统分析、盲校教师的专业情意素养、盲校教师的专业知识素养等方面。

第一节　视觉障碍儿童的特点

一、视觉障碍概述

视觉障碍是指由各种原因导致双眼视力低下并且不能矫正或视野缩小，以致在日常生活中存在障碍的一种疾病。视觉障碍儿童是指先天或后天导致视觉障碍的儿童。这里应该注意的是，视觉障碍儿童并不等同于盲童。盲童只占视觉障碍儿童的一小部分，大部分视觉障碍儿童尚有残余的视力，并非全盲。

（一）视觉障碍儿童的分类

视觉障碍是一个统称，根据不同的标准可以划分为不同的类型。我国的最新标准把视觉障碍分成四个等级。一级：优势眼的最佳矫正视力低于 0.02，或视野半径小于 5 度；二级：优势眼的最佳矫正视力大于或等于 0.02 小于 0.05，或视野半径小于 10 度；三级：优势眼的最佳矫正视力大于或等于 0.05 小于 0.1；四级：优势眼的最佳矫正视力大于或等于 0.1 小于 0.3。

①盲或低视力均指双眼而言，若双眼视力不同，则以视力较好的一眼为准；如仅有单眼为盲或低视力，而另一眼的视力达到或优于0.3，则不属于视觉障碍范畴。②最佳矫正视力是指以适当镜片矫正所能达到的最好视力，或以针孔镜所测得的视力。③视野半径＜10度者，不论其视力如何均属于盲。

以视力损伤的程度为标准划分视障的等级具有重要的意义。不同的视力损伤的视觉障碍儿童在生活、学习以及其他的心理机能上都有着不同的发展特点。其中，盲和低视力儿童之间的差别最明显。与全盲儿童相比，低视力儿童可通过残余的视力获取信息，在学习中可以直接使用特殊的汉字课本。但是低视力儿童利用残余视力的能力有限，需借助于助视设备，在校正后其视野与视敏度也与视力视觉正常儿童不完全相同。这使得全盲儿童、低视力儿童与视力视觉正常儿童之间均存在差异。因此，依据视力损伤程度对视觉障碍儿童进行划分是必要的，不同类型的视觉障碍儿童其心理发展的特点存在差异。

（二）视觉障碍的形成原因

造成视觉障碍的原因很多，归纳起来可以分成两大类：一种是先天因素，另一种是后天因素。

1. 先天因素

先天因素是导致儿童视觉障碍的最主要原因。其包括家庭遗传因素，父母双方或一方存在显性或隐性的致盲因子，会通过遗传导致下一代的视觉障碍；孕期因素，母亲在妊娠期感染某些疾病或者受到化学刺激以及营养不良等原因，都有可能导致儿童视觉障碍；近亲结婚，近亲结婚所生子女中视觉障碍的比例要高于非近亲结婚子女；其他不明原因，除了上述的几个原因外，很多疾病同样会导致先天性视觉障碍，但病因尚不明确。

2. 后天因素

后天因素是指由其他后天疾病所致的视觉障碍。其包括眼部疾病，如白内障、角膜病、沙眼、青光眼等因素；眼外伤导致的视觉障碍；全身性疾病导致的视觉障碍；另外一些心理原因也有可能导致视觉障碍，如歇斯底里失明症，这种视觉障碍者眼部并没有发生器质性病变。

不同国家其主要的视觉障碍成因不同，发达国家以黄斑变性、糖尿病性视网膜病变为视力残疾的首位；发展中国家则以白内障、屈光不正等为主要病因，不同的年龄段人群中，视觉障碍的原因有很大不同。

（三）视觉障碍的诊断

1. 自行诊断方法

婴幼儿时期是视觉发育的关键阶段。此时期任何不利因素，如先天性白内障、角膜白斑、眼睑下垂以及较重的近视、远视、斜视、散光、外伤等，都可能引起儿童的视觉障碍。及时发现儿童存在的视力问题十分重要，这关乎视觉障碍儿童能否得到及时的治疗。因为视觉障碍的治疗最好在2岁之前，在幼儿的视功能尚未发育成熟之时尽早矫正。以下是自行诊断常用的一些方法。

①单眼遮盖试验法。用于辨别单眼视力情况，当被遮盖的眼睛视力弱或失明时，患儿不会出现反抗；当被遮盖的眼睛没有问题时，患儿会躁动不安，出现反抗动作。重复数次，以便得出正确的判断。

②光觉反应。儿童出生时就有光觉反应，强光可引起闭目、皱眉；两个月时幼儿对光觉反应已很强，如果幼儿对强光照射无反应，说明其视觉功能可能存在严重的障碍。

③注视反射和追随运动。正常来讲，婴儿出生后的第2个月就能协调地注视物体，眼球还会在一定的范围内随着物体运动；3个月时眼睛可追寻活动的玩具或人的所在，头眼反射建立，即眼球跟随注视目标转动时，头部也跟着活动；4～5个月开始能认识母亲，看到奶瓶等物时表现出喜悦。如果在上述期间这些本能和条件反射没有出现，或表现出无目的地寻找，则说明其可能视力不佳或有眼球运动障碍。

④瞬目反应。婴儿从出生后的第2个月起，除了能协调注视物体外，当一个物体很快靠近眼前时，会出现眨眼反射，又称瞬目反应，这是保护小儿眼角膜免受伤害的一种保护性反射。它不一定要求婴儿能看清物体，只要有光觉就可完成。如果瞬目反应消失，往往是婴儿存在严重的视觉障碍的提示。家长按照以上方法一旦发现孩子的视力存在问题，应及时地把他们送到医院进行专业的诊断，以免出现误诊的情况。

2. 医学诊断方法

医学诊断方法指专业的医学人员运用各种有效的工具对儿童的视觉及眼睛进行专业的检查，即通常所指的一般眼科检查。其主要包括眼部、视力、视野三方面的检查。

①眼部检查。一般的眼部检查，应当先右后左，由内向外按顺序进行，才不致遗漏重要的体征。眼部检查包括眼附属器检查和眼球检查。眼附属器包括

眼睑、泪器、结膜、眼外肌及眼眶的检查。眼球检查包括巩膜、角膜、前房、虹膜、瞳孔、晶状体以及眼底的检查。

②视力检查。视力检查代指中心视力的检查。中心视力也就是视敏度，是指眼睛视网膜的敏锐程度，视敏度与能分辨两点的最小视角有密切关系。物体上的两点与眼节点之间的连线所形成的夹角为视角。在同一距离，视角与物体的大小成正比，而在同一物体上，视角与物体和眼的距离的远近成反比。物体上两点发出的光线所形成的视角越小，则在视网膜上所形成的两点像距就越短。如果视角太小，在视网膜上所形成的两点像距太近，人眼就不能区分为两个点。检查视力所用的国际通用视力表就是根据上述原理设计的。视力是反映视觉功能最常用的重要指标之一，视力的好坏是由视网膜分辨影像能力的大小来判定的，是衡量眼机能是否正常的尺度。

③视野检查。睁开眼睛，在头部保持不动的情况下，能看到的最宽广的角度称为视野。视野正常的眼睛固定看正前方某一点时，单眼可视范围为上方至60°、下方至75°、鼻侧至60°。某些眼病，如青光眼、视神经疾病、原发性视网膜色素病变及各种偏盲均表现出视野的改变，所以视野的检测对诊断眼病以及视觉障碍都有帮助。

二、视觉障碍儿童心理问题产生的原因

视障儿童产生心理问题的原因是多样的，也会因个体的差异而不同。对视障儿童来说，失明时间、失明原因、对视力障碍的认识等，都可能会导致心理问题。

（一）视觉障碍儿童的心理适应过程

我国学者李季平认为，视障儿童对自己失明的心理适应过程模式，同普通人在生活中遭受重大挫折或创伤后的适应过程基本相同。适应过程的每一个阶段都是按序进行的，前一个阶段与后一个阶段之间不是相互独立，而是交错重叠的。在适应过程中，先天性盲童和后天失明的儿童在某个适应阶段不一定相同，但他们的适应过程仍然遵循相同的次序。一般来说，儿童失明以后，心理适应过程经过以下几个阶段。

1. 精神创伤期

对于先天性的视障儿童来讲，他对自己失明开始有意识，意识到自己与其他儿童不同；对于后天失明的儿童来讲，精神创伤期开始于失明的那一刻。创

伤期的表现是心理开始失去平衡、不和谐，有较严重的受伤感，往往造成焦虑和沮丧。

2. 震惊及否认期

这个时期通常的表现是，视障儿童往往有不切实际的幻想，产生孤独感和不信任感。

3. 悲伤及退缩期

当震惊期开始消失时，视障儿童开始有一种失落感。这个阶段的特点就是悲伤及自怜，通常还伴有退缩和孤立。陷入自怜的视障儿童拒绝所有人的帮助，敌意及愤怒开始出现，而且这种敌意和愤怒是针对任何想帮助他的人，由此陷入了沉重的心理苦恼之中不能自拔。

4. 屈服及沮丧期

震惊继续消失，视障儿童开始陷入沉思中，思考着一个又一个问题。在这个阶段，他们开始怀疑自己的能力或产生不切实际的幻想，甚至产生了严重的悲观情绪，缺乏面对现实的勇气。

5. 重新认识期

在这个时期，视障儿童开始重新评估自己生活的意义、生命的价值及生活的目标，寻求个人的肯定及生命的意义，标志着心理康复的开始。

6. 适应期

在这个阶段，视障儿童开始寻求各种途径和方法，以适应自己所生活的环境，这些途径和方法既包括自己内在的潜能，也包括外在的帮助。

7. 自我接纳和自尊期

这个阶段不是每个视障儿童都能达到的。许多视障儿童经过长期心理痛苦的折磨，只能持续地停留在适应期阶段。走过前几个阶段的视障儿童随着自信心和能力的恢复，开始重新获得做人的尊严，接受了自己视力障碍的现实。不再感到心烦意乱，能与自己和平相处，而且喜欢自己，这种自我接纳同时使视障儿童更开放地接纳他人，也容许自己为他人所接纳，这表明其已开始具备良好的社会适应能力。

当视障儿童的心理调节适应期处于前 4 个阶段时，他们的自我概念较弱；而当处在第 5 ～ 7 阶段时，他们的自我概念就会比较强。这种强弱变化随时间和空间而变化，而且视障儿童的心理调节适应过程始终在这 7 个阶段中循环和跳跃，不是按顺序一步一步向前发展的。视障儿童对失明的心理调节过程是一个动态的过程，因此，许多心理问题也会反复出现。

（二）早期家庭生活环境的影响

无论对于先天性视障儿童还是后天性视障儿童，失明早期的生活环境对他们的心理会产生重大影响，尤其是父母和其他家庭成员的态度。在我国，由于对视力障碍的早期干预没有充分开展，很多视障儿童的家长不知道如何及时采取措施补偿儿童的视觉缺陷。一旦发现自己的孩子有视力障碍，家长考虑最多的是如何治疗，而忽视了在治疗的同时，还应对孩子采取必要的视觉缺陷补偿措施，如教孩子如何利用触觉，给孩子尽量多的感官刺激等。视障儿童在无法得到外界足够的刺激时，就极有可能利用自己的身体来寻求刺激，从而使许多视障儿童慢慢形成了“盲态”。这种行为一旦成为习惯，将会影响个体去积极探索外界，害怕并拒绝接受新事物。特别是年龄小的视障儿童，常因看不到父母的微笑而不能回报微笑，致使视障儿童缺乏身心发展过程中十分重要的情感刺激。同时，不良的亲子关系造成视障儿童出现许多负面的情绪，如有的父母因为孩子失明而过分溺爱，造成视障儿童的依赖性特别强，容易产生自卑、焦虑、自私等不良人格，最终在情绪情感发展方面出现异常，在接触同伴、接触社会等方面产生适应性障碍。

三、视障儿童身心特征

视觉上的受损除了给视觉障碍儿童带来心理认知的限制外，其个性心理也会与视觉正常儿童表现出一定的差异性。

（一）视觉障碍儿童的能力特点

能力的差异是由多种因素造成的，如先天遗传因素、后天的教育与训练、个人的努力。因此，能力的差异不仅表现在视觉正常儿童与视觉障碍儿童之间，视觉障碍儿童间也会因为各种因素存在差异。

智力的基础是人类的大脑发育，而视觉障碍儿童的大脑发育并没有受损，因此视觉障碍儿童的智力在先天上并不比视觉正常儿童差。有很多视觉障碍的儿童表现出智力落后，是由于这些视觉障碍儿童在心理发展的关键期没有得到及时的锻炼。例如，有的家庭，特别是一些偏远地区的家庭在发现孩子有视觉障碍时，没有及时送到相关学校进行教育而是任其自行发展，由于外界信息量接触过少便导致了智力上的缺陷，这往往是不可弥补的。而只要这些孩子从小接受有针对性的教育，他们的智力会和正常人一样发展完善。

另外，视觉障碍儿童的能力与视觉正常儿童的能力有差异性。视觉障碍儿童因为视觉之外其他感觉的长期依赖与锻炼，可以表现出较强听觉分辨能力、嗅觉分辨能力以及敏锐的触觉能力。这些能力甚至超过视觉正常儿童。例如，视觉障碍儿童通过锻炼，甚至可以单凭脚步声就判断对方是谁，还有视觉障碍儿童对钱的面额可以通过触摸来识别，这些能力是视觉正常儿童很难做到的。

（二）视觉障碍儿童的人格特征

人格是复杂的个性心理，主要包括气质和性格。气质是先天的，没有好坏之分，目前还没有科学研究表明视觉障碍儿童的气质与视觉正常儿童存在明显的差异；性格是表现在人对现实的态度和行为方式中的，比较稳定且具有核心意义的个性心理特征，其形成跟后天的环境有关。视觉障碍儿童与视觉正常儿童的人格主要表现在性格差异上。张福娟在对视觉障碍儿童的人格进行研究时发现，视觉障碍儿童在一般活动性生活习惯、独立性、忍耐性、领导性、社会外倾性、情绪安定性、自我中心、自我炫耀、固执性、活动过多性等这十四个维度上的人格特征均低于视觉正常儿童；随着年龄的增长，在教育加强的作用下，各个维度的人格品质得到提升。另外一个发现是，视觉障碍儿童比听觉障碍以及智力障碍儿童的人格品质好，这表明视觉障碍儿童的人格品质虽然整体上落后于视觉正常儿童，但随着年龄的增长和加强教育培训还是会得到改善的。

（三）认知和语言特征

视觉是个体“感知和获取信息的主要通道”。研究者认为，个体有 80% 的信息来自视觉通道。通过视觉通道，个体可轻易捕捉环境信息，形成对事物形状、大小、颜色、距离及立体空间方面的基本认识。利用视觉，个体可从较远距离处有意义、安全地体验外物。视觉能力部分或全部缺失，只能借助其他感觉通道感知世界时，个体（尤其是先天失明儿童）对事物的认识和理解将会面临巨大挑战。譬如，在自然界中存在着各种难以通过近距离触摸或倾听来认识的事物，一些物体可能太大（如山脉、草原等）、太小（如分子，细菌）、太脆弱（如雪花、肥皂泡）、太远（如太阳、山那边）、太危险（如海啸、喷发的火山）。物体的颜色、亮度、形状及立体透视等，往往也不能被其他感觉信息所取代。

视觉经验为儿童提供了“组织和联系不同信息，将事物各部分相互联系”的能力，帮助他们对事物形成整体认识。视觉能力的部分或全部缺失，将会导致视障儿童在概念化的过程中遭遇困难，并容易形成对事物“字面化”的理解。例如，听到鸟鸣，可以让人知道这是一只鸟，但却不能让人完整地了解这只“鸟”的外形、大小、颜色、羽毛、体温、飞行姿态等特征。

视力正常儿童可在不经意间获得大量视觉信息，从而实现无意学习。但视障儿童却需要主动靠近其所处环境，从环境中更加有意识地学习和理解其中事物，这也是二者间一个重要的区别。当然，视力残疾本身并未损害到个体加工和管理信息的认知能力，尽管视障儿童在某些方面的发展速度会稍慢一点，但视障儿童首先是与视觉正常儿童有着同样发展顺序模式的儿童，视觉损伤也不会对个体理解和应用语言的能力产生显著影响。

（四）视觉障碍儿童的学业成就

研究发现，视障儿童的学业成就有时落后于视觉正常儿童。但研究者亦指出，低成就的原因并非视觉损伤本身造成的，而是由教育者对视障儿童的低期望及教育不利造成的。世界范围内涌现出的活跃于各行各业表现出色的视障人士，也在很大程度上支持了视障儿童的学业成就并不一定是低水平的观点，而视障程度与个体的学业成就间也没有必然联系。在采用适宜视障儿童使用的适性测验进行测评后发现，视障儿童的学业成就，极少出现落后于其年龄、年级发展水平的情况。在大多数学业领域中，视障人群表现出与其年龄、年级相适宜的发展。唯一的例外是其数学概念和计算领域中的表现相对滞后。也有专业人员认为，对视障儿童与视觉正常儿童的学业水平进行比较时尤其需要谨慎，因为两组学生必须在不同条件下接受测评。

（五）运动发展与行动能力

视觉障碍尤其是盲或重度视觉障碍，减少了儿童通过与自然环境的接触获得学习的机会。缺乏视觉刺激的视障儿童无法自然感知周围的新鲜事物，从而不能激发起靠近或触碰该物体的兴趣，其目的性行为，如转头、伸手触摸、抓握、爬行等动作的发展因此而可能受到影响。少有的活动经历可能导致其在活动中更加小心翼翼，减小活动范围与活动强度，更少参与活动等，运动技能发展因此进一步受阻，进而表现为儿童在精细动作、粗大动作技能，特别是运动协调性和平衡能力方面较差。

行动技能的不足不仅限制了个体的活动空间，也导致个体与周围环境中事与物的隔离、主动探索世界经验的缺失，以及相应的社会互动经历缺乏。在缺乏经验与指导训练的情况下，视障儿童利用非视觉途径收集环境信息，其安全行动能力自然不会得到提高。

（六）社会适应与交往

因为视觉受限，视障儿童更少有机会通过观察和模仿交往对象的行为来进行社会性学习。缺乏必要干预的情况下，儿童从他人角度看待世界能力的发展将受到阻碍，从而更多出现自我中心倾向。由于视觉功能受限，视障儿童很难自行选择对话伙伴，而常常需要等待他人率先发起谈话；他们常常难以判断他人的说话对象是否就是自己；对社会互动中非语言的线索，如微笑、点头等更少能够做出回应；常常不能通过观察或参与特定的场景，来达成练习社会礼仪的目的，如不能为他人捡起掉落的物品。类似情形将直接导致其丧失与他人交往的可能和发起谈话的机会。在日常生活中，不能察觉他人的意图或调整自己对特定场景的反应，往往阻碍个体决策技能的精细化，视障儿童因此也更加缺乏自信、自我怀疑、退缩和依赖他人。

在缺乏足够感知觉刺激、社会性刺激以及活动受限的情况下，自己的身体成为最大的刺激源。因此，视障儿童较易出现摇晃身体、戳揉眼睛、重复手部或手指运动等刻板行为。有研究者认为，刻板行为是“为补偿相对缺乏的感官或社会性刺激而发生的自我刺激行为”。例如，较易出现刻板行为的情景为独处或无聊、厌烦学习或有其他需求时，而当儿童在游戏活动中，专注于有趣的任务及进食时，习癖行为就会有所减少甚至不会出现。也有研究指出，刻板行为是其面临刺激过多时，进行自我调节的一种尝试。例如，儿童在焦虑不安、恐惧、缺乏安全感、受挫折时也会较多表现出反复的异常行为。无论是哪一种看法，研究者都认可这些行为有助于“保持视障儿童的觉醒水平”。而极端刻板行为不仅可能伤害个体身体，还往往不为社会环境所接纳，从而影响个体的社会化。因此，轻微的刻板行为可能是视障儿童在缺乏足够外部刺激时，为保持自我觉醒而采取的自我刺激行为，社会成员不应一味要求儿童改变自己的行为，而应给予更多的包容和接纳，并采取积极措施以消除功能性的行为需求，对极端的刻板行为则应给予关注和矫正。

第二节 视觉障碍儿童的教育

一、教育内容

针对并不伴随认知障碍的视障儿童制订教育干预计划时，则应对其持有与视觉正常儿童同样的教育期望。也即，只要没有认知障碍，视障儿童在课程学习方面，同样应尽可能掌握视觉正常儿童掌握的普通教育课程，所以在教育目标内容的确立上应该与普通儿童基本一致，不宜降低课程内容的难度或减少教学内容。同时，要对障碍进行有效的干预，其关键在于，减少由于显著的视觉损伤所带来儿童在经验广泛性和多样性、行动能力和环境互动等方面的各项限制。为此，教育者需要基于儿童的视觉状况采取适应性的调整措施。为克服视力残疾所带来的阻碍，还应为视障儿童开设扩展性的课程内容，对儿童适应普通学科课程和功能性生活两个方面的特异性技能开展相关培训。

（一）确定教育需要所需的信息

如前述，不同场景、不同远／近视力、视野、眼球运动和对特定环境特征（如光线或颜色）敏锐性的不同，均会导致个体视觉障碍不同的表现。而残疾之所以会成为“障碍”，既受个体生理状况影响，也受个体心理行为特征，以及外部环境条件和支持的影响。几乎没有两个视障个体的视功能状况完全相同。因此，教育者应充分关注和了解特定视障儿童的身心状况、学业成就和学习特点，以及相关外部环境条件等特异性表现，并基于此有效制订和实施个别化教育计划。

儿童的生理状况涉及儿童在诸如视、听、触、嗅等感官和肢体方面的特殊生理体征或疾病，以及它们对儿童发挥相关功能所造成的影响。对视障儿童尤为重要的是，了解视觉损伤对其视觉功能状况的影响，确定儿童是否还有剩余视力，如何使用其剩余视力。关于使用剩余视力的情况，包括儿童目前的视功能技能（如两眼如何进行定位、固视、扫视、追随与追踪），发挥视觉功能时对学习环境的要求，如照明、视物要求的最佳距离、物体（或字体）大小、颜色、对比度等。

外部环境条件中的人、事、物对个体的支持力度，是决定儿童障碍程度的重要因素。基于视障儿童的身心特点，其在日常生活、学习中的优劣势所在，对教育环境做出相应改变后，所谓“障碍”也就不再可能阻碍个体学习和生活。为此，教育者需要了解儿童残疾的状况以及环境条件与儿童需求间的匹配程度，以对教育环境做出适宜的改造。其中尤其要关注社会成员（尤其是儿童的同伴、家长和教师）对视力缺损个体的看法和态度。他们极大地影响着视障儿童对自己和对残疾的看法与态度，进而影响其障碍程度。譬如，即使儿童有着强烈的意愿主动寻求相关的支持和帮助，而当教育者和其他社会人群不能为其提供符合其需要的适宜支持，甚至设置很多人为障碍时，儿童反而会有更多的挫败感与无助感。

（二）适应性的教育调整

视障教育中更为重要的不是强调儿童的不能，而应考虑如何促进儿童的能。视觉损伤会使儿童在诸多方面遭遇困难。例如，全失明儿童显然不能利用非语言的视觉线索，如表情和点头、摇头等与人沟通。单纯强调视觉损伤带来的限制，视障儿童也就“不能”与人互动。值得注意的是，社会互动的质量和特点是由互动双方的能力和态度共同决定的。视障儿童与视觉正常个体间的互动也不例外。很多时候，视障儿童的社会适应问题是由他人对视力残疾的反应造成的。如果在与视障儿童交往时自然地提供语音信息，好像打电话时所做的那样，通过改变语音语调，不时地以“嗯”“啊”“呀”等回应，或进行详细的语言说明，为两者间的互动提供必要线索，那么，视障儿童与人互动也就成为可能。

针对视障儿童最常见的调整包括通过感觉替代调整信息呈现方式、作答方式以及调整学习时间、改变学习环境等。譬如，全盲儿童可以借助触觉和听觉来学习；视力很低的儿童主要通过听觉和触觉学习，但能够利用有限的视力补充其他渠道获取的信息，并帮助完成某些任务（如在教室内走动）；功能性盲的儿童可以阅读盲文，但在视觉状况稳定的情况下，应将视觉作为学习的主要渠道，但触觉和听觉信息渠道可以对视觉信息做出有益补充；而低视力儿童则主要为大字体阅读者，当低视力儿童的视觉状况不稳定、处于不断恶化趋势中且视觉功能受限严重时，也应考虑其对盲文阅读的需求。当然，学生也可以在阅读和作答过程中，使用放大设备或盲文打字机等。由于浏览速度受限，教育者通常还应考虑为视障儿童完成任务设定更长的时限。

（三）增加扩展性课程

要在学习和生活中真正受益于相关调整措施，儿童还应具备相关的知识技能，这些内容也就成为视障儿童教育中扩展性的课程内容。所谓扩展性课程主要是指，根据视障儿童的特殊需要，在普通课程的基础上扩展的，能够帮助其学习普通课程并促进其发展的补偿性内容，以下介绍其中几个主要方面。

1. 日常生活技能

对于视觉正常儿童轻而易举的很多日常活动，如烹饪、个人卫生、着装、购物、与人交往、交通及娱乐活动等，视障儿童均需要接受直接的指导才能独立完成。因为视觉损伤造成的阻碍，视障儿童对事物的认识方式与视觉正常儿童不同，后者通常先观察物体或活动的整体，然后再对其组成部分进行探究，前者则因借助触觉、听觉途径接触事物而采用从局部到整体的事物认识方式。教育者需要对此有清晰认识和深切体验，通过适当途径帮助儿童明白任务的部分与整体间的关系。

2. 定向行动技能

在环境中自由移动，既有助于个体的身体健康，也有助于促进个体与环境良好互动的形成。日常生活和职业场景中的各项活动，如从一个办公场所到另一个办公场所，搜寻不小心遗落的东西以及扫地等，也都是由大大小小的定向行动连接起来的。因此，定向行动训练对视障儿童而言还意味着“工作领域的扩展和独立生存机会的增加”。

定向行动包含定向和行动两个方面的技能。其中，定向指的是个体能在任何特定时刻，利用个人存有的各种感官，去了解个人在环境中的位置。为了实现从一个地点到另一个地点的移动，个体须得知晓自己所在位置及目的地，并通过与环境的信息互换从而了解沿途方向，到达自己想去的地方。行动则指个体能够轻易移动的能力。行动不仅包括行走，还包括搭乘公交车、电梯等，从一个地点到另一个地点的安全、有效的移动均属于行动范畴。个体可能知道自己所在位置，但却不能在环境中安全行动，反过来也是可能的。因此，个体的定向行动能力训练就是要教导视障儿童行走的概念与技能，使其在任何环境及各种情境状况下，均能安全、有效地独立行走。

常见定向行动技能包括盲杖、导盲犬、人导法、电子行动设备的使用等。盲杖是视障儿童独立行动时，最有用也是最经济的方法，它既可用于帮助视障儿童探测前方路况，如路面状况的变化（从水泥地面变成草地，平路变成坡道或台阶等）、障碍物的出现等，也可在视障儿童遇到障碍或危险时充当缓冲器，使个体远离障碍物。

导盲犬是经过专门训练的工作犬，其主要功能是提醒视障儿童环境中存在的潜在危险，如台阶、出入口或电梯等，从而保护主人远离危险地带。当视障儿童需要经过复杂、不可预知的路线时，导盲犬会起很大作用。

人导法是指视障儿童在视觉正常者（引导视障儿童行动的人）的引领下行

动。人导法确实能够让视障儿童最为安全地行走，但导盲也是一项技能，仅有爱心和热情并不足以成为合格的引导者。例如，引导者不应拉住视障儿童的手臂扶着视障儿童前行，抬起盲杖末端拖着视障儿童前行也是不合适的。恰当的做法应是，视障儿童轻握引导者的手指、手腕、前臂或上臂接近手肘处（具体位置视视障儿童与引导者的身高而定，以视障儿童感觉舒适和可以自由行动为宜），行走于引导者身侧靠后半步的位置处。如此，视障儿童便可根据引导者的体姿变化感觉到行进道路中遇到的地形变化，如上、下台阶等。对于尚没有太多经验的视障儿童，引导者还可辅以在台阶前稍做停顿，或者语言描述“上台阶”等提示。

随着科技的快速进步，用于帮助视障儿童在环境中感知物体的电子行动设备层出不穷。常用电子行动设备包括激光盲杖、迷你导航仪等。这些设备利用回声定位技术，通过将探测到障碍物的信息转化为声音信号或者触觉信号（如不同声音刺激、语音提示或震动感等），提示视障儿童障碍物的大小和方位等，从而帮助视障儿童绕开障碍物。此外，全球定位系统 GPS 也正不断被用于开发视障儿童导航相关的产品，人工视觉系统的研发也备受关注。

但是，各种定向行动方法，尤其是高科技产品在为视障儿童出行带来各种便利条件的同时，也必须承认，迄今为止仍没有一款科技产品能够解决视障儿童出行中可能碰到的所有问题，也没有一种定向行动技术是完美无缺的。譬如，使用导盲犬比用盲杖探测环境更加快速，但其训练成本过高，虽然导盲犬能够主动带领主人绕过障碍物前行，却也可能导致视障儿童无从知晓特定环境中的障碍物，丧失与环境的互动机会。与人们通常的理解不同，导盲犬并不能自动将视障儿童带到任何目的地。关于目的地在哪里，从出发点到目的地的路线如何，真正的决策者还是视障儿童。因不了解导盲犬工作的原理，周围人群在其工作状态下随意抚摸、拥抱导盲犬，给导盲犬投掷食物等，则会造成导盲犬理解的混乱。盲杖的使用也有其自身的局限，视障儿童很难利用盲仗探测到环境中处于身体上方，尤其是头部上方的障碍物，如悬挂的物件、垂下的树枝等，从而导致视障儿童面临潜在危险。激光盲杖则不能很好地探测到地势的升降，当外部环境较为复杂时，其所提供的信息也将难以识别。而将人导法作为帮助视障儿童出行的主导性方法时，视障儿童出行的主动性，可能受到抑制而过分依赖他人帮助。因此，更好的做法应还是结合使用各种可能的手段和方法。而视障儿童对各种定向行动技能的有效使用必须经过专业的培训和大量的练习。

此外，关于早期阶段教授视障儿童定向行动技能，尤其是盲杖使用技能也愈发受到重视。跟日常人们关于学龄前儿童年龄小、认知能力有限，不能学习定向行动技能的看法相反，不少研究者指出，“即使学龄前儿童也可受益于行走训练”，包括学习关于环境中各种事物的基本概念（如门、墙、拐角等）及如何使用盲杖。

3. 自我倡导技能

自我倡导是视障儿童需要接受的另一项重要的功能性生活技能。个体在处理日常生活事务时，需要向自己遇到的其他人（如公交车司机、主动提供帮助的路人、未来的雇主、房东、餐厅服务员等）表达自己的愿望，说明自己的能力和特殊需要。日常接触中，人们对视障儿童存在各种错误的认识，如认为视力损伤尤其是失明导致个体的无能。在面对视障儿童时，有些人常常有意无意地表现出对视障儿童无能的看法，如对盲人能够完成特定的任务表现出极度惊奇和崇敬，将其视为拥有超能力的人或者奉为英雄，或者对视力残疾个体表现出超乎寻常的怜悯与同情。在需要跟视障儿童沟通时，人们甚至可能跟其同行者对话而不是直接跟视障儿童交流，或者在不征求视障儿童意见的情况下热心地提供帮助，甚至直接替他们做决定等。这些做法实际上影响了视障儿童发展和实践自己的决策能力。面对类似情形，教育者应注意教导视障儿童学习如何沉着应对，自信而不具攻击性地说明自己的能力和需要，以提高表达的有效性。

4. 辅助技术的使用

辅助器具指所有能够帮助视障儿童增强其视觉功能，改善其视觉效果的条件和设备。具有放大功能的助视器是最为常用的辅助器具，它包括光学助视器和电子助视器两大类别。光学助视器是借助光学性能作用，帮助个体提高视觉活动水平的设备或装置，诸如手持式放大镜、台式放大镜、眼镜式放大镜、隐形眼镜及望远镜等均属于光学助视器。电子助视器运用投射放大的原理达到高倍放大的效果，很多电子助视器还可以调节图形背景的对比度。例如，实物投影仪、闭路电视放大器、Windows 操作系统自带的放大镜，以及各种便携式电子助视设备等均属于电子助视器。除了这两种具有放大作用的辅助器具，教育者还可采用其他技术手段，通过改善周围环境条件，如照明、控制反光、控制光线传送、加强图形背景对比度等，增强视障儿童的视觉功能和效果。此类辅助器具包括滤光镜、可调亮度和光照方向的台灯、阅读架、大字印刷材料、打字键盘、记号笔、写字板、书写定行器、触摸地图等。

需要注意的是，各种类型的辅助技术与设备各有特点，如电子助视设备的一大缺点就在于其价格较为昂贵。另外，虽然其放大倍数很大，但在屏幕上能够呈现的内容很有限，从而带来阅读容量减少、阅读速度降低等问题。相较而言，大字材料的成本较低，实用性更强，但它在放大倍数方面的自由度稍差，还需专门制作，否则就不能为视障儿童所用。因此，在使用相关技术和设备时，应首先基于儿童的视觉能力，考虑该技术和设备是否满足儿童需要，令其获得最大帮助，而不应以其科技含量为选用辅助器具的主要依据。经济实用性当然也应成为选用辅助器具时的必要考虑。同时，教育者还应注意，各种辅助技术能为视障儿童所用的前提是儿童会使用该器具。因此，在教育过程中应为儿童提供如何使用相关器具的密集教学，而不只是为儿童提供相关工具后让其自己摸索使用。

二、教育方法

（一）重视早期干预与转衔服务

早期干预是特殊教育中重要的指导性原则。婴儿出生后就开始对环境中的视觉信息进行加工，对环境的探索和与环境的互动有助于个体形成对人、物、活动以及环境的理解。对于先天或早期发生视觉损伤甚至失明的儿童，这种探索却因视觉损伤而阻断，个体发展因此受阻。其对个体发展的负面影响不言而喻。

家庭是儿童成长中重要的环境，儿童早期主要身处家庭教育环境中，增强家庭为其视障孩子提供支持和辅助的功能，成为早期干预的一项重要任务。站在儿童的角度思考儿童的需求，教育者才能真正理解儿童的需求并提供适宜的教育。对教育者尤其重要的一点是，以视障儿童的方法来理解视觉缺乏对个体发展的影响，基于此提供的视障教育才会富有成效。对于视障儿童家长展开的早期干预服务，也应致力于帮助家长理解视觉损伤对个体学习和生活的影响，并提供可以减少这些影响的有效方法。

视觉信息受限导致视障儿童在环境变化时的调适变得尤其困难。视觉损伤并非“残疾”成为“障碍”的直接决定因素，相反，它只是视障儿童发展不佳的一个促发因素而已，“残疾”成为“障碍”背后的根本原因还在于不良的环境条件。同为视障儿童，需求却可能不同，甚至截然相反。例如，因视网膜色素变性致残的儿童需要相对较强但避免直射的光照，因白化病或无虹膜症致残儿童，则因虹膜调节进入眼球光线功能的受限而倾向于相对较弱的光照。为此，视障儿童教育中极为重要的一点，就是通过改善教育教学条件，来提高视障儿童的功能水平。

在转学、升学和就业等重要转折时期，儿童将面临不熟悉的环境信息，他们很难在其中发挥独立生活功能。因此，转衔服务尤其需要关注如何促进儿童对新环境的适应问题。此时，教育者应深入了解和分析视障儿童将要进入的新环境的有利与不利之处，为新环境中儿童的直接接触者（如教师、同伴等）提供必要信息，使其了解特定视障儿童的具体需要，如适宜的空间布局、图形背景的复杂程度、人与材料的位置关系、所需照明、颜色对比、放大尺寸和距离及其他感官支持（如测验时间的调整、噪音的避免以及触觉信息的突出）等，以便相关教育机构和人员能够根据儿童的特异性状况来改善环境条件，帮助儿童更快更好地适应新环境。

同时，在任何教育阶段，功能性生活技能的学习都应是视障儿童教育中重要的内容。承认儿童的视觉损伤并致力于改善环境条件之外，教育者也应针对新环境对儿童提出的要求为视障儿童提供必要的支持与训练。

（二）提供密集而广泛的反复指导

视觉经验的缺乏及视觉信息受阻，常常使得视障儿童需要更多机会和时间来练习一项新的技能，密集而广泛的反复指导成为一种必要。缺少对视觉损伤的体验和理解时，人们常常想当然地认为儿童具备了基本认识，但事实却又并非如此。因此，教育者必须注意避免类似错误，通过充分的评估信息来确定教育活动的开展。同时，若需对不熟悉的视障儿童教授一项新任务时，最好假设其先前从未接触过类似任务，并考虑学习该技能可能需要的各种先遣知识或技能。密集而广泛的反复指导需要花费大量时间和精力，这常常令教育者望而生畏。事实上，教育的契机无处不在，很多活动并不只涉及单一的某一个领域。如果将学科课程与功能性技能课程相结合，在日常活动中渗透扩展性课程内容，并充分利用各种随机自发事件开展儿童教育，将会取得事半功倍的教育效果。例如，儿童到食堂就餐并不只是“吃饭”这一项单一的活动，儿童需要从教室走到餐厅，在餐厅内排队打饭，找到固定的位置放下餐盘，就餐，然后将餐盘放回固定的回收处。这个过程中，可以训练儿童的定向技能（如了解食堂和座椅所在位置并找到相应地标、了解餐盘内各种食物的方位所在）、行动技能（如从教室走到餐厅，从食堂窗口走到座椅处等）、感知运动技能（端餐盘、使用餐具等日常生活自理）、与人沟通技能（点餐或求助）等。

（三）充分利用剩余视力

视障群体中有大约 90% 的人存有剩余视力。人们常常认为，视障儿童应尽量避免用眼，以保护仅存的视觉能力，这其实是一种错误的观念。每个人都应该注意保护自己的视力，但保护眼睛并不等同于不使用眼睛。个体的视觉能力和功能性视力与视觉损伤的种类和程度也并不存在必然联系。

研究表明，视觉能力和功能性视力可以通过对有关视觉经验的一系列训练和学习而得到提高，未经适当训练的低视力儿童，其视觉系统的功能很少有发展，因此，在各种不同的环境中，鼓励运用视觉去学习和观看，对于低视力者而言有着至关重要的意义。同样视觉受损的两名儿童，其功能性视力却可能大不相同。个体功能性视力的好坏由个体的视觉能力、个体可利用的储备（即个体过去的经验及利用这些经验对新刺激做出反应的有效功能）和环境线索（如环境中的颜色对比、时间、空间、亮度等）共同决定。因此，视障教育中可通过控制环境线索提高儿童的功能性视力水平。同时，必要的视功能训练也有利于开发和利用儿童的剩余视力。

（四）综合利用多种感官功能

对于视力正常儿童而言，大部分信息来自视觉通道。视障儿童在环境中的伴随学习受限，如对于“把筷子放在碗的右边”这句话，视觉障碍儿童很难在不经意间，通过伴随学习而得以在成人述说这句话的过程中，通过视觉的信息了解到筷子、碗、放、右边等概念和动作过程。他们不得不大量借助于其他感官，尤其是触、听两个方面的渠道来接触和感知环境。因此，在制定适宜的教育干预方案时，教育工作者必须考虑到视障儿童的这一特点，分析特定儿童的视觉状况及视功能水平，同时，也要分析任务完成中所需的感官活动及其替代方法，为其提供针对性支持，使其有机会仔细彻底地探索环境中的事物，并获得更多的时间来练习相关技能，形成特定经验。

遵循视障儿童认识事物的规律，就应最大限度地利用视觉以外的其他感官帮助儿童感知事物，弥补视觉缺陷对其所造成的限制。视障儿童教育中也因此特别强调语言指导与直观教学的紧密结合。通过语言指导，教育者可将正在进行中的活动信息传递给儿童，以利于儿童借助相关背景提示对自己所处位置定位，并参与到活动中，而不是处于与社会隔离的情境下。就如何完成任务提供详细的言语指导和解释，如给儿童描述从某地到另一地的路途中每一个关键性的路标（如左手第三个门，出门立即左拐或在第二个路口右拐），并让其通过触摸和倾听切实了解地标的存在和特征，则有助于锻炼儿童的独立性。当然，教育者应注意所提供语言指导的简洁、易懂。提供语言指导的频率和详细程度则应根据儿童的进步情况逐渐调整，当儿童对完成任务逐渐熟悉之后，教育者可以仅在难度较大的地方给予儿童必要支持，并逐渐简化支持内容，如从详细的语言指导逐渐转变为仅提供简单的口头提示或肢体提示，提示的次数逐渐减少等。

在没有充分经验以理解语词意义时，儿童容易产生对事物“字面化”的理解。教育者应注意避免此类情况的发生。“盲童对于直接、具体经验的需要至关重要。与具体客体直接的身体接触，与其他儿童和成人适宜的言语互动均有助于盲童生成有关周围现实世界的知识”。因此，视障教育不能单纯借助语言方式，依靠儿童对知识的死记硬背来开展教育教学活动，而应尽可能采用直观的方法，多用实物、模型、触摸图形等教具，辅以形象生动的语言描述和讲解，通过多感觉通道信息的提供来弥补儿童感性经验的不足。

选取教具时，教育者应主要考虑所选教具是否符合实际教学需要，适于展示学习目标。譬如，微型模型虽然更容易为儿童把玩和触摸，但却因为过度微缩，容易造成模型各部件之间的联结模糊不清，触摸这样的模型无益于儿童形成相关概念。相较而言，实物对视障儿童是最好的教具。当儿童有了实物经验后，微型模型就可供其进行抽象和具体的比较。这也更有利于儿童对事物的理解和把握。

值得注意的是，人们常误以为视障儿童，尤其是全失明者拥有超能力，如听力很好、第六感觉很好、有音乐才能等。事实上，个体的其他感觉不会因为视觉受限而自动发展得更加敏锐。多数情况下，必须通过专门的训练，教授儿童如何有效利用来自听、触、嗅等其他感觉通道的信息。因此，要真正有效利用多感觉通道信息，促进儿童发展，教育者还应关注对儿童相关能力的训练。

（五）注重教育团队的合作

鉴于视觉障碍表现及视障儿童教育需求的多样性，视障儿童的最佳发展需要在专业人员、家庭与社区间合作的基础上才能真正得以实现。专业人员间的合作有利于分享不同专业角度关于儿童教育的观点，如眼科专家或视光师与教师间的合作可分享特定儿童的医学和视觉功能信息，从而提高眼科、视觉康复和教育方面的服务质量。家庭与专业人员间的合作则可帮助家长表达自己的心情和对儿童的期望，了解视障儿童教育中重要的原则和方法，反过来，教育者则可以了解家庭在儿童教育中的优劣势所在，以更有效地结合家庭资源开展儿童教育。

此外，在团队合作中还应充分关注儿童周围与其有着最为紧密联系的个体，为其提供必要的教育培训，以提高其为视障儿童提供支持和辅助的能力，促进儿童的发展。儿童的同伴、教师及家庭成员对其发展有着重要影响。人们对视障及视障儿童的看法和态度影响着他们在与视障儿童相处时的情绪状态和行为方式。例如，部分视力正常儿童在不了解视障及其对个体意义的情况下，基于错误的认识和做法而轻视或怜悯视障儿童，甚至蓄意捉弄和欺辱他们，造成视障儿童心理上极大的伤害。在不知晓该如何帮助视障儿童时，人们可能会由于内疚而选择远离视障儿童出现的场景，造成儿童事实上的社会隔离。视障儿童身边联系最为紧密的成年人（包括家长和教师）可能出于责任感过度保护儿童，有的家长则可能出于羞辱感而蓄意隔离儿童，无论何种情况，均会造成儿童丧失与环境中的人、事、物接触的机会和经验，从而缺乏接触外部环境的学习条件。其中，教育者在教育过程中对视障儿童的低期望尤其有害。例如，教师在随班就读课堂上批评视力正常儿童时，可能将其与视障儿童相比较，“某某视力不好都考那么好，你呢”。这类评语中所传递的信息无疑以视觉障碍决定儿童发展为前提，被评价的视障儿童可能接受教师的看法而对自己生出同样的低期望，也可能因教师的看法受到心灵的伤害，甚至对教师和同学心生怨恨而选择远离人群。而教师所做的这类评价还可能让其他儿童对视觉障碍和视障儿童产生错误的认识，为视障儿童受教育环境带来不利的影响。因此，视障儿童教育在注重团队合作的同时，还应注重对视障儿童身边人员的相关培训，以提高其视障儿童教育能力及与视障儿童沟通互动的能力，改善儿童所处的社会环境条件，真正促进儿童的最佳发展。

第三节　视觉障碍儿童教育的课程建设

一、盲校教师专业素养的构成及特点

（一）教师的专业素养及其构成

素养是指一个人的素质与修养。所谓专业素养主要指从事某一专业性的职业活动所应具备的综合品质，体现了该专业活动内在的规范和要求，主要包含专业的理念、道德、知识和能力等方面。因此，教师的专业素养可以被看作教师拥有和带往教学情境的知识、能力和信念的集合，它是在教师具有优良的现存特性的基础上，经过正确而严格的教师教育所获得的。

国内外关于教师专业素养的具体构成有着不同的见解，但是通过对各种教师专业素养研究理论和观点的比较、归纳和概括，一般认为一名专业化教师的专业素养应该具备专业知识、专业能力和专业情意三个方面。专业知识，是教

师作为一名专业人员，必须具备从事专业工作所要求的基本知识，是教师进行专业活动的基础。专业能力是专业化教师必须具备的从事教育教学工作的基本能力，是指教师达到教育教学目标，取得教育教学成效所具有的潜在的可能性，反映出教师个体顺利完成教育教学任务的直接有效的心理特征。教师的专业能力是和教育教学活动密切联系在一起的，并在教育教学活动中展现出来，专业能力的水平高低直接影响着教育教学活动完成的效果，它直接制约和影响着教育教学活动的效率。专业情意要比一般心理学意义上愿意、喜欢、向往有更深的含义和更高的境界，这是基于对所从事专业的价值、意义深刻理解的基础上，形成的奋斗不息、追求不止的精神境界。它是一名教师从事专业活动的不竭动力。

（二）盲校教师专业素养构成的特点

盲校教师由于其教学对象的差异及其专业性质的特殊性，其专业素养构成有其自身的特点。研究盲校教师的专业素养，首先要对盲校教师的概念做个界定。盲校教师是指在盲校或其他视障教育机构专门从事视障学生教育教学的专业人员。盲校教师概念的内涵决定了盲校教师的职业特殊性，也决定了盲校教师的专业素养的特征以及在整个教师职业专业化谱系中的坐标位置。从专业化的角度来看，盲校教师和其他所有教师一样，其职业的专业化素养最重要的两个方面，一是在内隐方面，要具备从事该职业的专业情意、专业知识、专业能力等，形成支撑职业的素养结构；二是在外显方面，有专门的培养制度和管理制度，要获得有权威机构颁发的、证明执教能力的教师资格证书，这是专业性职业的重要标志。

但是，盲校教育对象是有着视觉障碍的学生，视觉障碍会造成学生形成特殊的身心发展特点，有着特殊的教育需要，这就要求盲校教师在具备教师素养的一般要求上，还必须有其特殊性的专业素养要求。盲校教师的素养是其完成某种活动所必需的基本条件，也是盲校教师专业化的内隐方面，即能够胜任盲校教育与教学的专业道德、理念、知识、能力等方面的基本条件。盲校教育教学活动的特殊性决定了盲校教师专业化的素养结构特点和具体内容要求，即盲校教师首先是教师，其次是特殊教育教师，然后是专门从事视障学生教育教学的教师。

从盲校教师专业素养构成的框架可以看出，专业角色的多元化和劳动的复杂性决定了盲校教师素养结构高度综合化的特质。由于视障教育对象的特殊性、个体差异的复杂性和多样性，盲校教师在知识、能力、技能方面比普通教育教师有着更多、更广、更高的要求，与其他的特殊教育教师也有着差异性的要求。这也就意味着盲校教师要在一般教师具有的素养基础上，进一步追求知识结构和能力结构在教育理论、实践层面上的综合，形成盲校教师知识能力结构的综合化。这种高度综合化的特征，主要表现在以下方面。

1. 普通教育与特殊教育的综合

特殊教育是教育的一个组成部分。从学科的角度说，普通教育基础理论知识是特殊教育理论知识的基础。因此，盲校教师不仅要掌握一般的具有共性的教育学科知识和技能，如教育学、心理学、教学论等理论，还要掌握特殊儿童心理与教育教学的知识以及与此相关的医学康复知识等。因此，就视障教育专业来说，它需要普通教育与特殊教育素养的综合。

2. 专业方向与专业基础的综合

这里专业方向指的是视障教育方向，而专业基础则是指以各类特殊需要学生为基础的特殊教育专业。视障教育在缺陷补偿、行为干预、辅助支持等方面与其他特殊需要学生有着共同的教育原则、策略和方法。同时，视障教育对象也包括许多视障兼有其他障碍的多重障碍儿童。因此，盲校教师不仅需要精熟地拥有单纯的视障学生的教育教学和康复训练能力，同时也要具有基本的其他类别障碍学生的教育教学和康复训练能力，才能胜任自己的工作。因此，盲校教师在具备精熟于视障学生教育能力的同时，也要做到“一专多能，精一通几”。

3. 学科与专业的高度综合

这里的学科是指除了通识性的文化科学知识以外的从事教学的某一门学科的知识。因为，盲校教师与其他普通教师一样，一般要能胜任一定的学科教学任务，所以无论从逻辑的角度还是从理论的角度，都要求盲校教师能系统、完整地掌握至少一门学科的文化知识，了解其学科发展的历史、科学知识的来源，把握学科前沿的最新研究成果。这就要求，一名特殊教育教师必须在掌握通识知识的基础上，实现某门学科与教育专业素养的综合。

二、盲校教师专业素养内涵系统分析

建设一支高质量的盲校教师队伍，是盲校全面推进素质教育的基本保证，科学地认识盲校教师素养的内涵，对于更快、更好地提升盲校教师的专业素养和专业化水平具有重要意义。但是，与美国等发达国家相比，我国的特殊教育发展还有相当大的差距，有关包括盲校教师在内的特殊教育教师专业素养问题的本土化几乎是空白。同时，鉴于各国文化背景的不同，在关于教师素养具体构成的内容、划分及其表述习惯上都存在着不同之处。综合以上对盲校教师素养构成特点，笔者借鉴国外经验，参考教育部颁布的普通学校教师专业标准的结构框架，从教师专业化的角度出发，按照专业化教师的要求，对盲校教师专业素养内涵进行较为系统的分析，以下分别从专业情意、专业知识、专业能力三个维度来整体分析盲校教师的专业素养。专业情意由专业理念与专业道德等成分构成；专业知识由学科知识、通识性知识、学生发展知识、教育教学知识等成分构成；专业能力由教育评估、教育教学设计、环境创设、组织实施、沟通合作、反思与发展等能力成分构成。

第四节　视觉障碍儿童教师的专业素养

一、盲校教师的专业情意素养

专业导向，师德为先。从事视障教育，首先必须具有专业的情意，这是做好工作的动力源泉。根据前面有关教师专业素养结构的研究，我们可以把专业情意主要归纳为专业理念、专业道德两个方面。

（一）专业道德

专业道德是指作为教师必须遵循的最起码的道德准则和道德要求。与普通教育相比，视障教育需要教师给予视障学生更多的爱心、耐心、细心和恒心，这是从事视障教育最基本的道德前提。因此，盲校教师必须克服鄙薄特殊教育的观念，拥有热爱特殊教育的思想感情，积极献身于特殊教育事业。

除了具备基本的德行之外，教师还需要具有以人道主义为基石的尊重生命差异、尊重生命权利的思想意识，强烈的社会奉献意识和高尚的人文情怀。这些道德素养的形成，应基于对特殊教育功能和作用的深刻认识而产生的光荣感和使命感，以及对视障教育职业道德规范的认同而产生的责任感和义务感。

另外，视障学生有着身心发展的特殊性，会导致发展缓慢并增加教育的复杂性、艰巨性，这必然给工作带来很多困扰和压抑感，特别是劳动成果的滞后性，往往给人以事倍功半的感觉。因而视障教师需要具有良好的心理素养，特别是在工作过程中保持一种健康的心理品质和情绪状态。这除了要有坚定的信念、坚强的毅力和良好的耐挫折能力外，还要具备不时地调整自己的心态，保持稳定的情绪，争取维持最好的心态完成工作任务的心理品质。

（二）专业理念

专业理念为教师专业行为提供了理性支点。对自己所从事的职业有没有理念，是专业人员和非专业人员的重要差别。教育理念是指教师在对教育工作本质的理解基础上所形成的，关于教育的观念和理性信念。教育理念直接或间接地决定、指引或调节着教师的教育教学活动。它为教师提供奋斗目标，是推动教师专业发展，并献身于教育工作的根本动力。盲校教师的专业理念主要体现在教育观、学生观和活动观上。

1. 盲校教师的教育观

盲校教师面对的是具有显著个体差异的生命个体，视障学生身心差异的独特性及其产生的特殊教育需要，它要求盲校教师超越一般的、传统的教育思想，从生命发展与解放的高度去理解视障教育、践行特殊教育理念，以满足视障个体独特的教育需要，实现视障学生生命的个体价值和社会价值，这是盲校教师必须秉持的教育观。

2. 盲校教师的学生观

如何看待视障学生，如何认识视障这一残疾现象，这是盲校教师在学生观上的体现。盲校教师首先应理解视力残疾作为人类多样性的属性存在，是学生身心多样性的表现之一。对于此，盲校教师必须平等对待每一位视障学生，杜绝任何基于残疾的教育歧视，尊重视障学生的人格尊严，维护视障学生的合法权益，做到不歧视、讽刺、挖苦学生，不体罚或变相体罚学生。其次，由于视障学生个体差异的多样性和复杂性，教师应尊重个体差异，主动了解和满足视障学生身心发展的特殊需要，同时应注意引导视障学生正确认识和对待残疾，自尊自信、自强自立。最后，教师要坚持对视障学生抱有积极的教育期望，坚信每一位学生都残而不废，应积极创造满足视障特殊教育需要的条件，促进他们健康成长。

3. 盲校教师的教学观

盲校教师的教学观是指其对盲校教育教学活动的理性认识。视障学生的教育教学活动有其特殊性，盲校教师首先要树立育人为本、德育为先的理念，将视障学生的品德养成、知识学习与能力发展相结合，缺陷补偿与潜能开发相结合，重视提高视力视障学生的综合素质；其次，要尊重视障学生的特殊教育规律和视障学生身心发展特点，为每一个视力障碍学生提供合适的教育。另外，教师要特别重视生活经验在视障学生成长中的作用，注重将教育教学、康复训练与生活实践的整合作为视障学生重要的学习方式。

二、盲校教师的专业知识素养

盲校教师的专业知识素养是指，教师在视障教育教学、康复训练过程中所具备的所有文化知识结构和程度。它是帮助盲校教师认识教育对象、教育教学活动和开展教育研究的专门知识。盲校教师的专业知识一般包括通识性知识、课程知识、视障学生发展知识和视障教育教学基本知识。作为视障教育教师，首先应像普通教育教师一样，具有比较广博的科学和人文知识、系统的学科专业知识和坚实的一般性教育专业知识。此外，视障教师还必须熟悉视障学生身心发展的知识，熟练掌握视障教育教学的基本知识。例如，视障教育理论、视障儿童心理、视障教育辅助技术等知识，并能对这些知识加以综合运用，以满足特殊儿童的特殊教育需要。由于前几项与普校教师要求有共性，这里我们重点分析视障学生身心发展的知识、视障教育教学的基本知识和课程知识。

（一）视障学生身心发展的知识

视障学生的身心发展与普通学生有许多共同特征，都是人类的学习，但由于视力障碍的影响，与普通学生相比，盲校的学生在生理和心理条件上有着巨大的差异性和复杂性。盲校教师必须具备关于视障学生身心发展的知识，主要包括身心发展的一般特征与学习特点的知识。

视障学生的身心发展具有普遍性、独特性、多样性、复杂性，尤其是视觉损伤对学生学习产生的感知、交流、运动、行为、交往的影响是交互的，因素也极为复杂。因此教师应掌握以下方面的知识内容：视障学生身心健康发展的知识、策略与方法；教育安置以及不同教育阶段的转衔知识，帮助视障学生顺利过渡的方法；视障学生生存、发展和受保护的有关法律法规及政策规定；视障学生在残疾程度、年龄阶段、发展水平上的差异，掌握应对视障学生学习差异的策略与方法；视障学生青春期和性健康教育的知识和方法。

（二）视障教育教学的基本知识

是否通晓特殊教育学原理、掌握丰富的视障教育理论决定着盲校教师教育教学活动的成败。盲校教师要掌握视障教育教学基本理论和康复的基本知识与方法，主要包括视障学生教育心理学的基本原理和方法；视障学生教育需要评估的知识与方法；支持与促进视障学生语言发展、沟通交流、阅读书写的策略与方法；视障学生进行缺陷补偿与康复训练的知识与方法；所教学科的课程标准、教学知识以及基于标准的课程与教学调整的策略与方法等。

（三）课程知识

课程知识主要指包括一般的学科课程知识与特殊课程知识。这里的学科课程知识是指除了通识性的文化科学知识以外，所担任相关核心学科课程教学的学科知识。

特殊课程知识是指为了补偿或干预视觉障碍的学生，促进视障学生发展的专业性的课程知识，也即类似于美国的核心扩展课程知识，主要包括功能性视力训练、触觉感知训练、生活自理、沟通交往、情绪行为干预、定向行走等课程。这些课程是视障教育教师必须具备的专业课程，也是其胜任职业的最基本的要求，作为一名视障教育教师必须掌握这些特殊课程的基本原理、评估、实施等策略与方法。

三、盲校教师的专业能力素养

教师专业能力是教师专业行为顺利进行和有效的个性心理特征。能力直接和活动的效率联系在一起。教师的能力直接制约和影响着教师的专业行为的效率。尽管学术界对教师的专业能力的认识不尽相同，但基本上都认同教师的专业能力是一个复杂的综合体，其中包括与教育教学息息相关，保证和促进教育教学质量的多种能力。盲校教师要顺利开展教育教学活动，取得良好的教育效果，必须具备相应的专业能力。除了通常的教育组织管理能力、交际沟通能力、运用现代化教育教学手段的能力、开展教育科学研究的能力和激励与评价外，盲校教师更需要、更强调视障学生特殊教育需要的评估、个别化教学设计、环境创设与利用、组织与实施、沟通与合作、反思与发展等能力。

（一）教育评估能力

同其他教育者一样，盲校教师需要掌握教育测量与评价的理论与方法，并将之运用于具体的实践，来规范解决信度、效度与偏差等问题，并能做出专业的解释说明。在教育测量与评价中，盲校教师的专业性突出地表现在对视障学生特殊教育需要的诊断评估上。视障学生是具有独特教育需要的个体，要开展满足特殊需要的教学，首先要对学生进行一系列的生理、心理和教育的测查评估，以便了解特殊需要的原因、程度、时间等，然后根据评估结果制订教育计划，采取对应措施，进行视觉缺陷补偿，调整学生学习，这是满足视障学生特殊教育需要的前提条件。

因此，盲校教师应具备选择适当的评估工具，运用多元的评估方法，在过程中及时地综合评估视力残疾学生的特殊需要和发展情况，并利用评价结果及时调整和改进教育教学工作的能力。它主要包括以下几个方面：收集、解释并利用与学生视觉状况相关的背景信息；对视障学生日常表现进行观察、分析与判断；实施功能性视力与学习媒介选择的评估；实施学生替代性学业的评价；特殊的补偿性课程功能表现水平的评估等。

（二）个别化教学设计能力

个别化教学是特殊教育的典型表征。个别化教学设计是实施个别化教学活动的前提，它可以帮助教师规划和组织具体教学活动中的目标、内容、条件、媒体、策略、评估等。视障学生因其视障的原因、程度及其性质不同，对其身心发展与学习的影响也不同。因而整齐划一的教学活动不能满足多样性的教育需求，必须在面向全体的基础上，要兼顾到个体间差异，对教学的目标内容进行灵活调整，做到因材施教。

因此，盲校教师必须具备以下个别化教学设计能力：教学必须充分考虑视障学生的视力损伤情况、现有能力、兴趣爱好及其需要；根据视障学生特殊教育需要评估的结果，制订视力残疾学生个别和集体教育计划；合理地利用教学资源，根据个别化教育计划，结合具体的教学组织形式编写个别化教学活动方案。

（三）环境创设与利用

学习环境是学习资源和人际关系的一种动态组合，也是重要的教育资源。同所有的教育者一样，盲校教师应当特别重视学习环境的创设与利用，创设安全、平等、适宜、融合的学习环境，支持和促进他们主动、有效地学习和发展。

环境创设与利用主要包括四个方面。①环境设计。设计多感官的学习环境，鼓励视障学生积极参与各种教育教学小组活动，提供随机经验学习的机会。②环境调整。根据视障的性质、程度等特点合理利用资源，调整学习环境、学习材料、设备和技术，组织好课堂教学。③环境适应，通过动机激发和教学干预等策略的运用，引导学生适应不同的学习和生活环境，增强学习的信心与积极的活动交往能力。④危机干预，运用行为管理策略，妥善干预、控制视障学生的问题行为。

（四）组织与实施能力

教师的组织与实施能力是多方面的综合能力，它反映的是教师运用教育理论知识进行教学活动行为的科学化、艺术化实施并取得良好效果的能力。良好的组织与实施能力对盲校教师而言尤为重要，它是完成教学计划，实现教学目标，取得教学成效的保证，也是盲校教师教育素养的基本内容和盲校教师专业化的重要表征。

组织与实施能力主要包括六种能力。①安排组织能力。能根据班级学生的实际，合理安排和组织一日活动的各个环节，将教育教学与康复训练有序地渗透到一日生活中。②课程调整能力。根据所教课程和视力残疾学生的身心特点以及班级学生个体的差异性，合理确定教学目标，调整教学内容，选择教学策略与方法，实施有效教学。③补偿技能运用能力。教授倾听、听觉与触觉及其他感知觉补偿技能的策略；教授有效使用剩余视力技能的策略，调整印刷文本及使用光学和非光学辅具的策略等。④康复训练能力。根据视力残疾学生的康复需要，在专业人员指导下，对视力残疾学生进行支持性的康复训练，如进行定向行走、视功能训练等。⑤辅助技术运用能力。能整合应用现代教育技术及视障辅助技术，补偿和支持视力残疾学生的学习。例如，教授使用盲文书写工具（盲字板、盲字笔等）及盲用信息技术，教授使用算盘、有声计算器、触觉图表以及调整改装的科技辅具等。⑥教育信息传导能力。较好使用口头语言、书面语言与盲文等其他沟通方式，使用普通话进行教学，规范书写钢笔字、粉笔字、毛笔字与盲文点字。

（五）沟通与合作能力

视障学生的多样性、课程需要的复杂性、教育服务的变化性需要盲校教师与其他人员的通力合作，来确保视障学生有效地学习。因此，盲校教育教学活动，应不再局限于机械的班级授课制，学生学习时限、学习空间、资源需求的灵活性，需要教师与更多的人、在更大的空间、更长的时间以平等的方式在一起合作完成教学任务。这种合作不仅表现在教师之间、教师与教辅人员之间的合作，还表现在教师与学生、家长以及校外专业人士的合作。对教师来讲，合作是一种工作方式的根本改变，它必须与其他同事、伙伴建立合作关系。

盲校教师沟通与合作能力主要包括以下五个方面。①与学生合作。运用合适的沟通策略、技巧与辅助技术，促进视障学生的参与、互动与合作，进行有效沟通。②与家长合作。与家长有效地沟通，开展教育交流、咨询与指导，共同促进学生的发展。③与其他人员合作。与同事及其他专业服务人员合作交流，分享经验和教育资源，共同发展。④与普通学校合作。与普通学校教育工作者合作，协助、指导随班就读工作。⑤与社区合作。与社区建立良好的合作互助关系，促进视障学生的社区融合。

（六）反思与发展能力

视障教育是随着教育理念、技术与方法不断更新而发展的，因此盲校教师也必须相应地与时俱进，促进专业的自我发展，而促进专业自我发展的主要动力来源于自我对教育教学的反思能力。一名教师如果不能及时地反思、更新自己的观念和教育行为，专业能力就会故步自封、停滞不前，因而专业能力也是盲校教师专业可持续发展不可或缺的能力。

反思与发展是相辅相成的，没有反思就没有发展，而专业的发展又会进一步促进盲校教师的自我反思。所谓“专业反思”，主要是盲校教师对教育教学活动进行思考和分析，以促进教学活动的改进和自我教育能力提高的活动。它包括对他人的教育活动的反思，还包括对教育行为背后所隐含的教育理论根源进行反思。这种反思不是一般意义上的“回顾”，而是反省、思考、探索和解决教学过程中各个方面存在的问题，具有研究的性质。因此，专业反思就需要盲校教师在实践中进行批判与重构，将一般理论转化为自己个人的实践理论。一般来说，盲校教师越能反思，在某种意义上说教师的教学能力越强。反思意识强的盲校教师会经常发现自己教学中存在的问题，通过不断的解决问题，使自己不断完善。

盲校教师的反思与发展能力主要包括以下三点。①信息处理能力。具有专业的反思自觉，能主动收集分析视障教育相关信息，不断进行反思，改进教育教学工作。②教学研究能力。具有一定的专业探究能力，能针对视障教育教学工作中的现实需要与问题，进行探索和研究。③发展规划能力。能积极参加校本教学研究和教学改革，了解视障教育有关的专业组织、专业网络、出版机构等，结合特殊教育事业发展需要，制定专业发展规划，积极参加专业培训，不断提高自身专业素质。

参考文献

[1]北京市教育委员会，北京市特殊教育中心．特殊教育学校教师基本功培训手册 [M]．北京：中国轻工业出版社，2013．

[2]黄培森．中国特殊教育史略 [M]．成都：西南交通大学出版社，2015．

[3]刘全礼．中国特殊教育发展报告（2014 年）[M]．北京：中国轻工业出版社，2016．

[4]高宏，蒋丰祥．国外特殊教育对中国特殊教育学校建设的启示 [M]．北京：中国轻工业出版社，2017．

[5]谢敬仁．中国特殊教育新进展（2013—2014 年）[M]．北京：中国人民大学出版社，2017．

[6]王雁．中国特殊教育教师培养研究 [M]．北京：北京师范大学出版社，2012．

[7]张文京．特殊教育课程理论与实践 [M]．重庆：重庆出版社，2014．

[8]张宁生，李玉影．听力障碍儿童心理与教育 [M]．郑州：郑州大学出版社，2018．

[9]蒋云尔．特殊教育管理学 [M]．南京：南京大学出版社，2007．

[10]左元国．特殊教育学校管理 [M]．北京：中国轻工业出版社，2012．

[11]朴永馨，滕祥东．完善教育体系 实现教育公平：高等特殊教育研究论文选编 [M]．北京：知识产权出版社，2012．

[12]翟海珍．视觉障碍儿童教学法 [M]．天津：天津教育出版社，2007．

[13]何侃．特殊儿童康复概论 [M]．南京：南京师范大学出版社，2015．

[14]朱楠．特殊儿童发展与学习 [M]．武汉：武汉大学出版社，2016．

[15]黄文新，李双霞．听觉语言障碍康复百问 [M]．南昌：江西科学技术出版社，2007．

[16]锜宝香．儿童语言障碍 [M]．北京：首都师范大学出版社，2016．

[17]彭霞光. 中国特殊教育发展现状研究 [J]. 中国特殊教育，2013（11）：3-7.

[18]吴芹. 特殊教育的创新性改革研究 [J]. 文化创新比较研究，2018（32）：112.

[19]吴涛. 近代中国特殊教育师资培养之历史考察 [J]. 教师发展研究，2018（03）：81-87.

[20]唐佳益. 我国特殊教育教师职后培训研究综述 [J]. 乐山师范学院学报，2018（11）：118-125.

[21]胡少华. 我国特殊教育教师职后培训研究现状与趋势 [J]. 教师教育论坛，2018（11）：26-29.

[22]马路敏. 试析特殊教育中教师专业能力的需求及培养策略 [J]. 教育现代化，2018（43）：113-115.

[23]李卫娟，胡作进. 特殊教育学校教师队伍现状及人才需求情况调查研究 [J]. 现代特殊教育，2018（18）：8-13.